*Ensinamentos
para a*
NOVA
GERAÇÃO
CRISTÃ

LUAN SIMON

Ensinamentos para a
NOVA GERAÇÃO CRISTÃ

© Luan Simon, 2024
Todos os direitos desta edição reservados à Editora Labrador.

Coordenação editorial Pamela J. Oliveira
Assistência editorial Leticia Oliveira, Jaqueline Corrêa
Projeto gráfico e capa Amanda Chagas
Assistente de arte Marina Fodra
Diagramação Heloisa D'Auria
Preparação de texto Maurício Katayama
Imagens de capa Freepik (upklyak, rawpixel.com)

Dados Internacionais de Catalogação na Publicação (CIP)
Jéssica de Oliveira Molinari - CRB-8/9852

Simon, Luan
 Ensinamentos para a nova geração cristã
 Luan Simon.
 São Paulo : Labrador, 2024.
 128 p.

 ISBN 978-65-5625-565-1

 1. Vida cristã 2. Jovens I. Título

24-1544   CDD 248.4

Índice para catálogo sistemático:
1. Vida cristã

Labrador

Diretor-geral Daniel Pinsky
Rua Dr. José Elias, 520, sala 1
Alto da Lapa | 05083-030 | São Paulo | SP
contato@editoralabrador.com.br | (11) 3641-7446
editoralabrador.com.br

A reprodução de qualquer parte desta obra é ilegal e configura uma apropriação indevida dos direitos intelectuais e patrimoniais do autor. A editora não é responsável pelo conteúdo deste livro. O autor conhece os fatos narrados, pelos quais é responsável, assim como se responsabiliza pelos juízos emitidos.

SUMÁRIO

Prefácio — 7
Introdução — 9

1ª CARTA À NOVA GERAÇÃO CRISTÃ
Temos uma alma ou somos uma alma? — 11

2ª CARTA À NOVA GERAÇÃO CRISTÃ
Estamos vivos ou mortos? — 17

3ª CARTA À NOVA GERAÇÃO CRISTÃ
Ressurreição — 21

4ª CARTA À NOVA GERAÇÃO CRISTÃ
O que acontece quando morremos e para onde vamos? — 29

5ª CARTA À NOVA GERAÇÃO CRISTÃ
Casamento — 39

6ª CARTA À NOVA GERAÇÃO CRISTÃ
Os verdadeiros judeus — 43

7ª CARTA À NOVA GERAÇÃO CRISTÃ
A salvação vem pela fé ou pelas obras? — 47

8ª CARTA À NOVA GERAÇÃO CRISTÃ
O repouso ou descanso de Deus — 51
E quem entrará nesse repouso de Deus? — 53

9ª CARTA À NOVA GERAÇÃO CRISTÃ
Quem era João Batista? — 55

10ª CARTA À NOVA GERAÇÃO CRISTÃ
O que é o sangue para Deus? — 61

11ª CARTA À NOVA GERAÇÃO CRISTÃ
A didática de Deus — 69

12ª CARTA À NOVA GERAÇÃO CRISTÃ
A religião que ensina que é por amor não tropeça — 75

13ª CARTA À NOVA GERAÇÃO CRISTÃ
Ensinamentos — 77
A contenda pelo corpo de Moisés — 77
Que obras maiores que as de Cristo podemos fazer? — 79
Algumas questões que não devem causar discussões ou intrigas — 82
    A Cruz ou o Madeiro (Estaca)? — *82*
    A trindade é literal ou simbólica? — *82*
    Quem é o Pai, o Filho e o Espírito Santo? — *84*
    O que responder quando perguntarem qual sua religião? — *87*
    Qual a religião verdadeira? — *87*
    O que Satanás não consegue apagar? — *88*
Entenda o quanto é grande o amor de cristo — 89

14ª CARTA À NOVA GERAÇÃO CRISTÃ
O princípio antes da criação de Deus — 91
Um resumo do plano de Deus — 97

15ª CARTA À NOVA GERAÇÃO CRISTÃ
O paraíso é literal ou simbólico? — 101

16ª CARTA À NOVA GERAÇÃO CRISTÃ
Por que sofremos? — 105

17ª CARTA À NOVA GERAÇÃO CRISTÃ
A vinda de Cristo e a vida no paraíso — 109

18ª CARTA À NOVA GERAÇÃO CRISTÃ
Como será o inferno e a sua punição — 113

19ª CARTA À NOVA GERAÇÃO CRISTÃ
A revelação dos acontecimentos futuros, antes da vinda de Cristo — 121

Sobre o autor — 127

PREFÁCIO

Quando comecei a ler a Bíblia pela primeira vez, não entendi absolutamente nada. Lembrei-me de alguém ter falado para orar e pedir sabedoria antes de lê-la. Queria entender sobre assuntos que umas igrejas explicavam de um jeito enquanto outras explicavam de outro, ou de forma parecida, mas nunca a mesma coisa. Isso me deixava confuso. Orei em nome de Jesus Cristo, pedi o espírito de sabedoria para entender aquele assunto. Quando terminei a oração e abri os olhos, minha mente recebeu um tsunami de passagens bíblicas entendidas com uma visão diferente que iam se encaixando umas nas outras e me fazendo entender aquele assunto. Tentei guardar esse conhecimento, mas não conseguia, minha cabeça parecia que ia explodir. Não conseguia parar de processar as informações que apareciam, e a cada hora mais conhecimento chegava. Eram passagens bíblicas com interpretações diferentes das que já havia ouvido na igreja ou lido na internet. Sentia minha mente cansada, à noite não conseguia dormir; foi quando tive uma ideia. Levantei da cama de madrugada, peguei papel e caneta e comecei a escrever. Quando terminei de escrever tudo que havia na minha mente, percebi que ela estava leve, voltei para a cama e consegui dormir. Para cada assunto que gostaria de saber, começava tudo de novo.

INTRODUÇÃO

Você faz parte da Nova Geração Cristã? Aqueles que concordam hoje, parcial ou completamente, com a ótica aqui exposta são o início de uma geração que surgirá em um futuro indefinido pelo autor.

É normal acharmos estranhos certos conhecimentos ou entendimentos contidos nesta obra, pois se trata do modo de enxergar dos cristãos que surgirão em uma nova geração.

Eles não são a única Nova Era Cristã ou Nova Geração Cristã de toda a história humana. Nós somos hoje a Nova Era Cristã em relação à geração passada. Não estamos falando de geração no sentido humano, mas em um sentido relacionado aos tempos de duração de uma fase a outra dos planos de Deus.

É normal que a geração atual ache estranhos ou incompreensíveis, pela atual ótica espiritual, muitos ensinamentos contidos neste livro. Mas os próprios cristãos dos primeiros séculos com certeza iriam nos achar esquisitos e não aceitariam a maneira que seguimos a Cristo hoje. Com certeza os cristãos de hoje não aceitariam a forma de amar e entender os ensinamentos do Pai dos cristãos lá no ano de 2200, por exemplo.

Percebam que, com o passar dos anos, o mundo vai mudando para invalidar os ensinamentos de Deus, mas ele vai protegendo seu povo e aprofundando seu entendimento para que não se confunda com os ensinamentos que o sistema mundial impõe através do estilo de vida, da moda, de leis e de redes sociais com o passar dos séculos.

1ª CARTA À NOVA GERAÇÃO CRISTÃ

TEMOS UMA ALMA OU SOMOS UMA ALMA?

Jesus Cristo, quando esteve na terra, nos ensinou a respeito da ressurreição (1 Coríntios 6:14/João 11:25/João 5:29) que ressuscitaríamos com um corpo glorificado (1 Coríntios 15:42,43/Filipenses 3:21), mas, para que esse corpo tenha vida, é preciso que ele nos dê também o fôlego de vida ou alma (Gênesis 2:7), pois esse fôlego ou alma é a energia que faz o corpo ter vida tornando a alma vivente (1 Reis 17:22). Portanto, se acreditarmos que somos uma alma e que, quando morremos, a alma deixa de existir, quando formos ressuscitados ganharemos um novo corpo e um novo fôlego de vida (ou alma), então já não será ressurreição, mas uma nova criação. Mas Jesus nos prometeu que seremos ressuscitados (1 Coríntios 6:14/João 11:25/João 5:29), nos dando um novo corpo, mas permanecendo a mesma alma, que será julgada boa ou má, como na visão do apóstolo João em Apocalipse 20:12.

Jesus, quando ressuscitou Lázaro e a filha de Jairo, nos revelou que, quando a pessoa morre, a alma, a energia ou o fôlego de vida daquela pessoa adormece (Marcos 5:39/João 11:11) e, quando eles foram ressuscitados, Jesus curou os corpos que estavam enfermos (João 11:1,2/Marcos 5:23) e fez com que a alma ou energia voltasse para aquele corpo, assim como aconteceu nos tempos de Elias (1 Reis 17:17,22). As pessoas morrem porque algo não vai bem em seus organismos, fazendo a energia não circular como deveria, e não por motivo de a alma ou energia ter deixado de existir.

Nosso corpo e a energia que faz ele ter vida são bem parecidos com uma televisão (corpo) que está funcionando normalmente com energia elétrica (alma), mas, quando uma peça da tevê danifica, ela deixa de funcionar, não porque ficou sem energia, mas porque algo está fazendo com que essa energia não flua de modo correto. Assim como Elias rogou para o Senhor que a alma do menino que morreu de uma doença voltasse a entrar nele.

Do mesmo modo, Cristo irá fazer: ele julgará nossas almas e depois nos ressuscitará, os bons para a vida eterna e os maus para a ressurreição da condenação (João 5:28), onde pagarão por cada obra. João nos revela, por meio da visão que recebeu de Deus, que os mortos diante do trono são na verdade somente a energia, ou alma, ou fôlego de vida literalmente (Apocalipse 20:12). Normalmente ele não poderia ver a alma ou o fôlego de vida, mas, como foi uma visão dada por Deus, ele conseguiu ver a alma (energia) para que pudesse descrevê-la (Apocalipse 1:19). Portanto não podemos interpretar esses mortos que João viu sendo pessoas com corpos, porque ainda não houve o julgamento nem a ressurreição para que elas apareçam com corpos diante do trono de Deus. Jesus nos dará um novo corpo e, para que sejamos almas viventes, ele colocará a alma ou energia de cada um em corpos glorificados.

Quando morremos nosso corpo se decompõe; nossa alma (que é a energia que dá vida ao corpo para que o corpo torne a alma vivente) fica adormecida, pois a alma sem o corpo não é viva (Gênesis 2:7); e o espírito, que é toda a sabedoria que temos a respeito de coisas espirituais (Tiago 2:26), volta para Deus, que foi quem nos deu (Eclesiastes 12:7). Portanto, quando a alma adormece, ela passa a ser apenas energia, e essa energia não tem vida porque não tem um corpo, de modo que ela não anda, não fala, não vê, não sente etc.

A alma é a energia que faz com que o corpo tenha vida e vice-versa; ela também carrega informações, que só podem ser traduzidas se essa energia estiver em um corpo que a traduza. Para um melhor entendimento, usaremos este exemplo: quando você aperta uma tecla do computador, gera um impulso elétrico que vai até um receptor que traduz esse impulso e gera uma informação. Tirando o meio físico, que é o computador (corpo), só restará o impulso elétrico (alma), e esse impulso não poderá ser traduzido, a informação gerada por ele só poderá ser traduzida quando estiver em um computador (corpo).

Somente Deus pode traduzir essas informações sem ter um meio físico ou corpo (Apocalipse 20:12), e ele julgará cada atitude humana boa ou má que fizemos (Apocalipse 20:12). Assim é nossa alma, que é a energia que Deus nos deu (fôlego da vida), para dar vida ao nosso corpo e o corpo tornar a alma vivente; e o que diferencia cada alma ou energia é o tipo de informação que essa energia carrega, que são as obras que a pessoa fez ao longo da vida (Apocalipse 20:12); informação esta que vai sendo adquirida com o passar das nossas vidas.

Portanto, somos uma alma vivente quando temos um corpo, e temos uma alma porque Cristo prometeu a ressurreição, pois ele julgará nossas almas e as ressuscitará, uns para a vida eterna e outros para pagarem por suas obras más. É nossa alma que será julgada, porque quando morremos ela deixa de ser vivente e fica em repouso ou inativa, para esperar o julgamento de Cristo. Pois, se não tivéssemos uma alma, o que seria julgado para que pudesse ressuscitar? Jesus ressuscitaria primeiro e julgaria depois?

Contudo, o fato de filmes, séries, desenhos, documentários tentarem tanto mostrar como seria a alma, faz com que, quando falamos nela, automaticamente pensemos naquele fantasma que sai da gente quando morremos. Mas a verdade é que o ser humano possui algo que é eterno, e, para expressar isso, usamos a palavra "alma". Quando falamos em alma, não estamos falando que ela é um fantasma que sai do ser humano e possui a mesma aparência da pessoa quando morre, mas sim que ela é aquilo que é eterno no ser humano para Deus.

Agradecemos a Deus pelo seu infinito amor, pois somos uma alma vivente porque temos uma alma, que será viva através dos seus ensinamentos, os quais Cristo nos ensinou. Afinal, nem só de pão viverá o homem, mas de toda palavra que sai da boca de Deus. Em nome de seu filho lhe agradecemos, amém.

2ª CARTA À NOVA GERAÇÃO CRISTÃ

ESTAMOS VIVOS OU MORTOS?

Quando Cristo declara que veio para que tenhamos vida (João 10:10), ele se refere a ser vivos espiritualmente por meio dos ensinamentos de Deus escritos em nossos corações, e não no sentido humano de ter saúde. Ele nos deixa bem claro que veio para as pessoas enfermas espiritualmente, que são aquelas que não seguem os mandamentos de Deus e as que possuem um coração mau (Mateus 9:11,12), ou seja, Cristo veio para as pessoas que não são vivas espiritualmente ou para aquelas que estão deixando de ser, por causa do pecado.

Por meio de sua palavra em Eclesiastes 9:5, Deus nos revela que os vivos (aqueles que amam a Deus) sabem que vão morrer literalmente para o pecado, mas os mortos (os que não amam a Deus) não sabem que irão morrer para o pecado, porque para eles o pecado é um estilo de vida.

Por meio da palavra de Deus em Isaías 38:18,19, nos é revelado que os mortos espiritualmente não glorificam a Deus, pois não o amam. E os que são vivos espiritualmente louvam a Deus, do mesmo modo que Isaías estava louvando, pois ele estava vivo espiritualmente para Deus por amá-lo.

Em Salmos 13:3, o rei Salomão pede para Deus a luz que é o conhecimento ou os ensinamentos de Deus que levam à vida eterna (João 8:12) (o mesmo conhecimento nos é dado por Jesus Cristo), para que Salomão não se tornasse morto espiritualmente.

Em João 5:29, o profeta João, por meio do conhecimento de Jesus, dado pelo Pai, nos ensina que os que fazem o bem estão vivos espiritualmente e herdarão a vida eterna, e os que fazem o mal estão mortos espiritualmente e herdarão a condenação.

Em 1 Coríntios 15:21-23, o apóstolo Paulo nos diz que ser morto espiritualmente se dá por meio do pecado, e ser vivo espiritualmente vem através dos ensinamentos de Deus, ensinados por Cristo.

Em Mateus 22:32, para Deus, ser vivo significa guardar seus mandamentos e colocá-los em prática até o fim da vida literal. Como seus profetas, que o amaram até o fim de suas vidas, fizeram.

Em Lucas 15:11-32, fala-se da parábola do filho pródigo, a qual nos mostra que ser morto espiritualmente é sair da presença do pai, ou seja, não seguir seus mandamentos. E ser vivo espiritualmente é estar na presença do pai, seguindo seus mandamentos.

Em João 5:24, o profeta, por meio dos ensinamentos de Cristo, nos revela que os que seguem e amam a Deus são vivos espiritualmente, e os que não seguem e nem amam a Deus são mortos espiritualmente. Estes podem passar do estado de mortos espiritualmente para o estado de vivos espiritualmente, se passarem a amar e seguir a Deus.

Em João 8:51, Jesus Cristo nos ensina que, se guardarmos suas palavras, seremos vivos espiritualmente e nunca morreremos espiritualmente.

O apóstolo João, em 1 João 3:14, nos ensina que aqueles que possuem o amor ao próximo são praticantes dos mandamentos de Deus e são vivos espiritualmente. Mas aqueles que não possuem o amor ao próximo estão longe dos mandamentos de Deus e são considerados mortos espiritualmente.

Em 1 João 4:9, ele nos revela que Deus enviou seu filho para nos ensinar seu amor, por meio dos seus mandamentos, para que nos tornássemos vivos espiritualmente através da sua palavra escrita em nossos corações.

Em 1 João 5:11,12, o apóstolo nos revela que Deus passou os ensinamentos para Jesus, para que ele viesse e nos ensinasse. E quem segue a Cristo também segue seus mandamentos, os quais nos tornam vivos espiritualmente, para que possamos alcançar a vida eterna se perseverarmos nesses mandamentos até o fim.

Em Romanos 6:13, Jesus, através de seu apóstolo, nos ensina que as pessoas que seguem a Deus são consideradas vivas espiritualmente. Mas as pessoas que seguem a iniquidade são consideradas mortas espiritualmente.

Tendo a certeza da promessa de Deus em dar a vida eterna (1 João 2:25) para as pessoas que têm um coração bom, passamos a saber que as pessoas que o seguem de coração são consideradas vivas, pelo fato de elas despertarem para o desapego ao pecado.

Pai nosso que estais nos céus, e em nossos corações, obrigado pelo pão da vida, a luz do mundo, a verdade, o caminho e a vida. Obrigado por ter mandado seu filho amado, para nos ensinar como te amar. Perdoe nossos pecados, pois somos os piores pecadores, porque, mesmo conhecendo a tua palavra, nós erramos. Obrigado, Jesus Cristo, por vir à terra de coração. Que essas palavras que o Senhor nos deu sejam para a sua glória em todo o mundo. Em nome de seu filho, amém.

3ª CARTA À NOVA GERAÇÃO CRISTÃ

RESSURREIÇÃO

Jesus, quando esteve na terra na forma humana, pregou o ensinamento da ressurreição:
Em João 11:25, diz:
"Eu sou a ressurreição e a vida. Aquele que crê em mim, ainda que morra, viverá."
Em Mateus 28:6-7, está escrito:
"Ele não está aqui; ressuscitou, como tinha dito. Venham ver o lugar onde ele jazia. Vão depressa e digam aos discípulos dele: Ele ressuscitou dentre os mortos e está indo adiante de vocês para a Galileia. Lá vocês o verão. Notem que eu já os avisei."
Em João 5:28-29, diz:
"Não fiquem admirados com isto, pois está chegando a hora em que todos os que estiverem nos túmulos ouvirão a sua voz e sairão; os que fizeram o bem ressuscitarão para a vida, e os que fizeram o mal ressuscitarão para serem condenados."
Jesus promete ressuscitar tanto os bons como os maus de coração, os que forem julgados bons ressuscitarão para a vida, e os que forem julgados maus ressuscitarão para serem condenados por seus atos, e pagarão por cada obra má que fizeram.

Na ressurreição, Jesus revela que receberemos um corpo de glória. Em 1 Coríntios 15:42-44, diz:

"Assim também a ressurreição dentre os mortos. Semeia-se o corpo em corrupção; ressuscitará em incorrupção. Semeia-se em ignomínia, ressuscitará em glória. Semeia-se em fraqueza, ressuscitará com vigor. Semeia-se corpo natural, ressuscitará corpo espiritual. Se há corpo natural, há também corpo espiritual."

Jesus, através de seus discípulos, nos fala que nos dará um novo corpo, de modo que, se ele criar um novo corpo, onde estará o fôlego de vida (a alma) para dar vida àquele corpo?

Portanto, se recebermos um corpo novo e um fôlego de vida (alma) novo, já não seria ressurreição, mas passaria a ser uma nova criação, e, como vimos, Deus prometeu a ressurreição. Então o que será ressuscitado, já que vamos receber um corpo novo? A Bíblia menciona:

"Então se estendeu sobre o menino três vezes, e clamou ao Senhor, e disse: ó Senhor meu Deus, rogo-te que a alma deste menino torne a entrar nele. E o Senhor ouviu a voz de Elias; e a alma do menino tornou a entrar nele, e reviveu" (1 Reis 17:21,22).

Em Gênesis 35:18, diz:

"E aconteceu que, saindo-se lhe a alma (porque morreu), chamou-lhe Benoni; mas seu pai chamou-lhe Benjamim."

Para que o corpo glorificado dado por Cristo tenha vida, ele ressuscitará nossa alma, que está adormecida, justamente esperando a hora para ser ressuscitada.

Essas almas estão esperando em um lugar, para o qual existem várias denominações, como: Inferno, Eternidade, Hades, Sheol, Além, ou qualquer outra palavra para expressar um local de espera.

A alma é energia, que adormece ou fica inativa se não tiver um corpo. O lugar onde ela adormece tem muitas denominações, como já vimos, mas usaremos a palavra "inferno" para retratar esse lugar de espera pela ressurreição.

Em Apocalipse 20:13,14, diz:

"E deu o mar os mortos que nele havia; e a morte e o inferno deram os mortos que neles havia; e foram julgados cada um segundo as suas obras. E a morte e o inferno foram lançados no lago de fogo. Esta é a segunda morte."

Devido ao esplendor de Deus, até a terra e os céus sumiram (Apocalipse 20:11). Esse esplendor cria um efeito no local onde João estava observando; quando o esplendor bate na areia do deserto, que era onde João estava (Apocalipse 17:3), surge um efeito de miragem. Por conta da imensidão do acontecimento, João entende que teria surgido um mar, então declara que o mar deu os mortos que nele havia, por terem surgido de onde a miragem ocorria (do chão).

Depois disso João declara que a morte e o inferno deram os mortos que neles havia, ou seja, João consegue ver uma separação dos mortos, entre os mortos espiritualmente (que não aceitaram os ensinamentos de Deus e rejeitaram o seu nome) e os que morreram (cujo coração é bom ou mau) sem nunca terem conhecido a Deus; estes o inferno teria dado, ou seja, todos estavam em um mesmo local de espera, ou inferno, e, quando ficaram diante do trono, houve essa separação.

E a palavra de Deus nos revela mais: "a morte e o inferno foram lançados no lago de fogo". Esta é a segunda morte.

Isso significa que não vai existir em seu governo a morte espiritual, portanto as pessoas não vão morrer espiritualmente, que é o que as leva a morrer literalmente; e o inferno não existirá, pois não haverá mais a espera para o julgamento, o lugar onde as almas esperam para serem julgadas não vai mais existir. E o mar citado por João foi apenas uma miragem, pois, se o mar, a morte e o inferno deram os mortos que neles havia e só o inferno e a morte foram jogados no lago de fogo, certamente o mar não é real.

Em Apocalipse 21:1, está escrito:

"E vi um novo céu, e uma nova terra. Porque já o primeiro céu e a primeira terra passaram, e o mar já não existe."

Quando acaba o julgamento, note que João pode ver um novo céu e uma nova terra, por Deus não estar mais ali. Como o esplendor de Deus não faz mais com que a terra e os céus fujam de sua presença, o efeito de miragem deixa de existir, e João conclui: "e o mar já não existe."

Que a glória de Deus seja exaltada em todo o mundo, pois sua sabedoria é imaginável. Quando Deus criar um corpo glorificado para as pessoas cujo coração for considerado bom, ressuscitará a alma através desse corpo, para que a alma passe a ser vivente. E todo o conhecimento espiritual que a pessoa tinha no passado voltou para Deus quando ela morreu literalmente, pois o conhecimento espiritual foi dado por ele (Eclesiastes 12:7: "e o pó volte à terra, como o era, e o espírito volte a Deus, que o deu"). Esse espírito, que é o conhecimento sobre seu amor, volta para Deus quando a pessoa morre literalmente, e, quando essa pessoa for ressuscitada para a vida eterna, Deus lhe dará esse conhecimento de uma forma maior do que ela tinha; Jesus explica isso por uma parábola em que faz uma comparação com o reino de Deus.

Em Mateus 25:14-29, diz:

"Porque isto é também como um homem que, partindo para fora da terra, chamou os seus servos, e entregou-lhes os seus bens. E a um deu cinco talentos, e a outro dois, e a outro um, a cada um segundo a sua capacidade, e ausentou-se logo para longe. E, tendo ele partido, o que recebera cinco talentos negociou com eles, e granjeou outros cinco talentos.

"Da mesma sorte, o que recebera dois, granjeou também outros dois. Mas o que recebera um, foi e cavou na terra e escondeu o dinheiro do seu senhor.

"E muito tempo depois veio o senhor daqueles servos, e fez contas com eles. Então aproximou-se o que recebera cinco talentos, e trouxe-lhe outros cinco talentos, dizendo: Senhor, entregaste-me cinco talentos; eis aqui outros cinco talentos que granjeei com eles. E o seu Senhor lhe disse: Bem está, servo bom e fiel. Sobre o pouco foste fiel, sobre muito te colocarei; entra no gozo do teu Senhor. E, chegando também o que tinha recebido dois talentos, disse: Senhor, entregaste-me dois talentos; eis que com eles granjeei outros dois talentos. Disse-lhe o seu Senhor: Bem está, bom e fiel servo. Sobre o pouco foste fiel, sobre muito te colocarei; entra no gozo do teu Senhor. Mas, chegando também o que recebera um talento, disse: Senhor, eu conhecia-te, que és um homem duro, que ceifas onde não semeaste e ajuntas onde não espalhaste; e, atemorizado, escondi na terra o teu talento; aqui tens o que é teu. Respondendo, porém, o seu Senhor, disse-lhe: Mau e negligente servo; sabias que ceifo onde não semeei e ajunto onde não espalhei? Devias então ter dado o meu dinheiro aos banqueiros e, quando eu viesse, receberia o meu com os juros. Tirai-lhe, pois, o talento, e dai-o ao que tem os dez talentos. Porque a qualquer que tiver será dado, e terá em abundância; mas ao que não tiver até o que tem ser-lhe-á tirado."

Portanto, Deus nos deu o conhecimento espiritual segundo nossa capacidade, para que usássemos em vida, de modo que quando morrêssemos esse conhecimento voltaria para ele, pois foi ele quem nos deu, e, quando fôssemos prestar conta com ele na ressurreição, ele nos daria esse conhecimento espiritual de uma forma maior do que tínhamos. Aquelas pessoas que receberam conhecimento espiritual, mas não usaram de forma correta ou nem usaram não receberão, e o que tiverem de conhecimento será retirado.

Todo-Poderoso, tu és o criador do maior sentimento de todos, o Amor. Sem o Senhor, não somos nada. Não somos merecedores de coisa alguma, pois erramos a toda hora mesmo conhecendo a tua palavra, perdoe nossa ignorância. Obrigado por nos conceder teu espírito de sabedoria, para que possamos entender os teus mistérios e ensinar ao nosso próximo. Em nome de seu filho Jesus Cristo, amém.

4ª CARTA À NOVA GERAÇÃO CRISTÃ

O QUE ACONTECE QUANDO MORREMOS E PARA ONDE VAMOS?

Jesus, a luz do mundo (João 8:12), se fez carne e habitou entre nós (João 1:14) para nos ensinar os ensinamentos do Pai e como amá-lo, para que todo aquele que guardar seus mandamentos no coração e colocá-los em prática seja salvo, pois, na ressurreição do último dia, serão ressuscitados tanto os bons quanto os maus de coração (João 5:28-29). Os bons para a vida, e os maus para pagarem por cada obra má que cometeram.

Queridos irmãos, pelo espírito de sabedoria nos concedido, saibamos que quando morremos nosso corpo vira pó (Gênesis 3:19) ou desintegra, nosso espírito, que é todo o conhecimento espiritual, volta para Deus, que o deu a nós (Eclesiastes 12:7), e a nossa alma é a energia dada para o corpo ter vida e vice-versa. De modo que, se acreditamos na ressurreição, também temos que acreditar que quando morremos nossa alma deixa de ser vivente e adormece ou fica estática em um lugar que possui várias denominações, como: Sheou, Inferno, Hades, Além, Sepultura e qualquer outra denominação que expresse um lugar de espera, e nesse lugar ela espera a ressurreição. De maneira que na ressurreição teremos um corpo glorificado, ou seja, um corpo novo onde não existe o pecado, pois o antigo já virou pó; e a alma será a mesma, porque Jesus pregou a ressurreição e não a nova criação. De tal modo que, se é ressurreição, não pode haver um corpo novo e uma alma nova, pois isso seria uma criação e não ressurreição, mas Jesus prometeu a ressurreição de um corpo nascido em glória (1 Coríntios 15:42-44/15:52-54) e uma alma renascida através dos mandamentos dados por seu Pai Todo-Poderoso (Mateus 4:4).

Em Apocalipse 6:9-11, está escrito:
"E, havendo aberto o quinto selo, vi debaixo do altar as almas dos que foram mortos por amor da palavra de Deus e por amor do testemunho que deram. E clamavam com grande voz, dizendo: Até quando, ó verdadeiro e santo Dominador, não julgas e vingas o nosso sangue dos que habitam sobre a terra? E foram dadas a cada um compridas vestes brancas e foi-lhes dito que repousassem ainda um pouco de tempo, até que também se completasse o número de seus conservos e seus irmãos, que haviam de ser mortos como eles foram."

Portanto, quando João fala que viu almas que clamavam, ele se refere ao indivíduo ressuscitado com um corpo espiritual (a alma sozinha não pode clamar porque não tem vida, sendo necessário que tenha um corpo). Quando ele fala que cada um recebeu uma veste branca, isso significa que cada um tinha um corpo espiritual e foi pedido para eles que repousassem um pouco mais ou esperassem. Assim como tem um lugar para as almas das pessoas que forem consideradas dignas de reinar com Cristo nos céus, também existe um lugar para as almas das pessoas que esperam a sua vinda.

João 11:11 diz:

"Assim falou; e depois disse-lhes: Lázaro, o nosso amigo, dorme, mas vou despertá-lo do sono."

Marcos 5:39 diz:

"E, entrando, disse-lhes: Por que vos alvoroçais e chorais? A menina não está morta, mas dorme."

Jesus compara a morte ao sono, porque, quando a pessoa morre, seu corpo deixa de funcionar e sua alma deixa de ser vivente e adormece ou entra em repouso, pois o que torna a alma vivente é o corpo, e o corpo vivo, a alma.

E Jesus, curando o corpo e fazendo a alma voltar para o corpo, ressuscita Lázaro e a filha de Jairo.

Apocalipse 20:13,14 diz: "E deu o mar os mortos que nele havia; e a morte e o inferno deram os mortos que neles havia; e foram julgados cada um segundo as suas obras. E a morte e o inferno foram lançados no lago de fogo. Esta é a segunda morte."

Devido ao esplendor de Deus, até a terra e os céus sumiram (Apocalipse 20:11). Esse esplendor cria um efeito no local onde João estava observando, e, quando o esplendor bate na areia do deserto (Apocalipse 17:3), surge um efeito de miragem. Devido à imensidão do acontecimento, João entende que teria surgido um mar, então declara que o mar deu os mortos que nele havia, por surgirem de onde a miragem ocorria (do chão). Depois disso João declara que a morte e o inferno deram os mortos que neles havia, ou seja, João consegue ver uma separação dos mortos, entre os mortos espiritualmente (que são aqueles que não aceitaram os ensinamentos de Deus) e os mortos ocasionais, que são os que morreram, cujo coração é bom ou mal, sem nunca terem conhecido a Deus; estes o inferno teria dado, ou seja, todos estavam em um local de espera aguardando a ressurreição, e, quando ficaram diante do trono, houve essa separação.

E a palavra de Deus nos revela: "E a morte e o inferno foram lançados no lago de fogo. Esta é a segunda morte." Isso significa que não vai existir em seu governo a morte espiritual, portanto as pessoas não irão morrer espiritualmente, levando-as a morrer literalmente; e o inferno não existirá, pois não haverá mais a espera para o julgamento, o lugar onde as almas esperam para serem julgadas não vai mais existir. E o mar citado por João foi apenas uma miragem, pois, se o mar, a morte e o inferno deram os mortos que neles havia e só o inferno e a morte foram lançados no lago de fogo (Apocalipse 20:14), certamente o mar não é real. E a palavra de Deus nos revela em Apocalipse 21:1:

"E vi um novo céu, e uma nova terra. Porque já o primeiro céu e a primeira terra passaram, e o mar já não existe."

Quando acaba o julgamento, João pode ver um novo céu e uma nova terra, já que Deus não está mais ali. Como o esplendor de Deus não faz mais com que a terra e os céus fujam de sua presença, o efeito de miragem deixa de existir, e João conclui: "e o mar já não existe".

Para que a glória de Deus seja exaltada, o espírito de sabedoria nos foi dado, para aprendermos e ensinarmos ao próximo. A palavra de Deus nos diz:

"Não vos maravilheis disto; porque vem a hora em que todos os que estão nos sepulcros ouvirão a sua voz. E os que fizeram o bem sairão para a ressurreição da vida; e os que fizeram o mal, para a ressurreição da condenação" (João 5:28,29).

"E vi tronos; e assentaram-se sobre eles, e foi-lhes dado o poder de julgar; e vi as almas daqueles que foram degolados pelo testemunho de Jesus, e pela palavra de Deus, e que não adoraram a besta, nem a sua imagem, e não receberam o sinal em suas testas nem em suas mãos; e viveram, e reinaram com Cristo durante mil anos" (Apocalipse 20:4).

"E vi os mortos, grandes e pequenos, que estavam diante de Deus, e abriram-se os livros; e abriu-se outro livro, que é o da vida. E os mortos foram julgados pelas coisas que estavam escritas nos livros, segundo as suas obras" (Apocalipse 20:12).

Queridos irmãos, Deus nos revela que o julgamento vem antes da ressurreição, e, quando João vê as almas que estavam diante de Deus, ele está vendo literalmente a alma. Se ele estivesse usando a palavra "alma" para se referir a pessoas, seria porque ele teria visto as pessoas em seus corpos, mas, como não houve julgamento, ele não poderia usar a palavra "alma" para se referir a pessoas, porque a ressurreição vem depois do julgamento, e nem uma alma poderia receber um corpo antes de ter sido julgada. Portanto João vê a alma de forma literal; normalmente ele não poderia ver, mas, como foi uma visão espiritual dada por Deus, para que ele descrevesse o que viu (Apocalipse 1:19), ele pôde ver. No entanto ele só sabe dizer se as almas eram grandes ou pequenas, pois a alma sozinha não tem forma nem vida.

O filho do Pai Todo-Poderoso, quando esteve na terra, disse o seguinte:

"Pois assim como Jonas esteve três dias e três noites no ventre de um grande peixe, assim o Filho do homem ficará três dias e três noites no coração da terra" (Mateus 12:40).

E saibamos que, quando Jesus morreu, ele foi colocado em um lugar. Lucas 23:53 diz: "Então, tirando-o da cruz, o envolveu em um lençol de linho, e o depositou num túmulo cavado na rocha, no qual ainda ninguém havia sido sepultado."

Mateus 27:60 diz: "E o colocou em um sepulcro novo, o qual ele próprio havia mandado cavar na rocha. E, fazendo rolar uma grande pedra sobre a entrada do sepulcro, retirou-se."

João 20:5-7 diz:

"E, abaixando-se, viu no chão os lençóis; todavia não entrou. Chegou, pois, Simão Pedro, que o seguia, e entrou no sepulcro, viu no chão os lençóis, e que o lenço, que tinha estado sobre a sua cabeça, não estava com os lençóis, mas enrolado num lugar à parte."

Como podemos ver, Jesus foi colocado em um sepulcro parecido com uma caverna (abertura em uma rocha). Quando Jesus declara que estará três dias e três noites no coração da terra, ele não se refere a ser enterrado, mas quis dizer que sua alma irá para um lugar aguardar sua ressurreição.

Em Atos 2:30,31, está escrito: "Sendo, pois, ele profeta, e sabendo que Deus lhe havia prometido com juramento que do fruto de seus lombos, segundo a carne, levantaria o Cristo, para o assentar sobre o seu trono, Nesta previsão, disse da ressurreição de Cristo, que a sua alma não foi deixada no inferno, nem a sua carne viu a corrupção."

Nessa passagem podemos ver que a alma de Jesus quando morreu foi para um lugar de espera, para esperar ser ressuscitada. A sua alma foi para esse lugar, mas não foi deixada lá porque foi ressuscitada.

Na hora da morte de Jesus, a palavra de Deus nos revela, em Lucas 23:46:

"Jesus bradou em alta voz: 'Pai, nas tuas mãos entrego o meu espírito'. Tendo dito isso, expirou."

Em Mateus 27:50:

"E Jesus, clamando outra vez com grande voz, rendeu o espírito."

Em João 19:30:

"E, quando Jesus tomou o vinagre, disse: 'Está consumado'. E, inclinando a cabeça, entregou o espírito."

Em Marcos 15:37:

"E Jesus, dando um grande brado, expirou."

Na morte de Cristo, alguns apóstolos usam expressões para declarar que Jesus morreu; uns usam a palavra "expirou" (fazendo menção a passagens do Velho Testamento em que relata a morte de vários profetas (Gênesis 35:29/Gênesis 25:17/Gênesis 49:33), e outros usam a expressão "entregar o espírito". Essa expressão é baseada na verdade de que quando morremos o espírito volta para Deus, que o deu a nós (Eclesiastes 12:7). Esse espírito é toda a sabedoria, dons espirituais, conhecimento, tudo que se refere a Deus espiritualmente.

Portanto, quando Jesus morreu, seu corpo ficou no sepulcro, sua alma foi para um lugar esperar ser ressuscitada, e seu espírito (todas as coisas aprendidas e concedidas espiritualmente por Deus) voltou para Deus, pois Deus é que tinha lhe dado.

E, sobre o lugar onde as almas das pessoas esperam a ressurreição, a Bíblia menciona:

Em Apocalipse 20:13,14: "E deu o mar os mortos que nele havia; e a morte e o inferno deram os mortos que neles havia; e foram julgados cada um segundo as suas obras. E a morte e o inferno foram lançados no lago de fogo. Esta é a segunda morte."

Já sabemos que o mar visto por João não é real, pois é uma miragem, e a morte e o inferno são características para separar os mortos espiritualmente dos mortos ocasionais, que são aqueles que não conheceram a Deus. E como a morte e o inferno serão jogados no lago de fogo, ou seja, não vai haver a morte espiritual nem o local onde as almas esperam o julgamento final.

Pai Todo-Poderoso, criador do universo e de tudo que existe nele. Obrigado por nos dar a tua sabedoria, para que possamos compreender a tua palavra, a fim de que possamos ensinar a todas as pessoas do mundo. Obrigado por mandar seu filho à terra para nos ensinar a te amar. Obrigado, Jesus, por vir de coração, e ter paciência conosco, pois somos os piores pecadores, porque, mesmo conhecendo os teus mandamentos, nós ainda erramos, nos perdoe. Em nome de seu filho, Jesus Cristo, amém.

5ª CARTA À NOVA GERAÇÃO CRISTÃ

CASAMENTO

Pela sabedoria nos dada pelo Pai, através de seu filho Jesus Cristo, compreendamos o que Deus quer ensinar sobre o casamento.

Em Mateus 22:37,38:

"Respondeu Jesus: 'Ame o Senhor, o seu Deus de todo o seu coração, de toda a sua alma e de todo o seu entendimento'.

Este é o primeiro e maior mandamento."

Em Marcos 12:30:

"Ame o Senhor, o seu Deus de todo o seu coração, de toda a sua alma, de todo o seu entendimento e de todas as suas forças."

Deus quer que amemos ele por inteiro, de tal forma que, quando homem e mulher se casam, já não são dois, mas passam a ser um.

Marcos 10:8 diz:

"E serão os dois uma só carne; e assim já não serão dois, mas uma só carne."

Mateus 19:4-6 diz:

"Ele, porém, respondendo, disse-lhes: Não tendes lido que aquele que os fez no princípio macho e fêmea os fez."

E: "Portanto, deixará o homem pai e mãe, e se unirá a sua mulher, e serão dois numa só carne? Assim não são mais dois, mas uma só carne. Portanto, o que Deus ajuntou não o separe o homem."

De modo que, se os dois amarem a Deus, serão como uma pessoa amando-o por completo, mas, se apenas um amar a Deus, o amarão pela metade. Deus quer que o amemos de todo coração, de toda nossa alma, e com todas nossas forças. E, se seu cônjuge for descrente, não o deixe, pois você pode ensinar--lhe sobre Deus e seu filho amado Jesus Cristo. Mas, se seu cônjuge o deixar por não aceitar a palavra de Deus, este é considerado morto (espiritualmente), então deixe-o ir.

1 Coríntios 7:13-15 diz:

"E se alguma mulher tem marido descrente, e ele consente em habitar com ela, não o deixe. Porque o marido descrente é santificado pela mulher; e a mulher descrente é santificada pelo marido; de outra sorte os vossos filhos seriam imundos; mas agora são santos. Mas, se o descrente se apartar, aparte-se; porque neste caso o irmão, ou irmã, não está sujeito à servidão; mas Deus chamou-nos para a paz."

Portanto não deixe sua esposa ou seu marido por qualquer coisa, mas aquele que está casado com uma pessoa considerada morta espiritualmente está livre para divorciar-se. Deus não quer que o amemos pela metade, mas por completo. Caso queira casar-se no-vamente, que seja com alguém que torne o amor por Deus completo.

1 Coríntios 7:39 diz:

"A mulher casada está ligada pela lei todo o tempo que o seu marido vive; mas, se falecer o seu marido, fica livre para casar com quem quiser, contanto que seja no Senhor."

Que a sabedoria espiritual de Jesus, dada pelo Pai Todo-Poderoso, nos revele como aqueles que irão governar com Cristo em seu reino entenderão a respeito do casamento.

Lucas 20:27-36 diz:

"E, chegando-se alguns dos saduceus, que dizem não haver ressurreição, perguntaram-lhe, dizendo: Mestre, Moisés nos deixou escrito que, se o irmão de algum falecer, tendo mulher, e não deixar filhos, o irmão dele tome a mulher, e suscite posteridade a seu irmão. Houve, pois, sete irmãos, e o primeiro tomou mulher, e morreu sem filhos. E tomou-a o segundo por mulher, e ele morreu sem filhos. E tomou-a o terceiro, e igualmente também os sete; e morreram, e não deixaram filhos. E por último, depois de todos, morreu também a mulher. Portanto, na ressurreição, de qual deles será a mulher, pois que os sete por mulher a tiveram? E, respondendo Jesus, disse-lhes: Os filhos deste mundo casam-se, e dão-se em casamento; Mas os que forem havidos por dignos de alcançar o mundo vindouro, e a ressurreição dentre os mortos, nem hão de casar, nem ser dados em casamento; Porque já não podem mais morrer; pois são iguais aos anjos, e são filhos de Deus, sendo filhos da ressurreição."

Queridos irmãos, peço humildemente para Deus que nos conceda seu espírito de sabedoria, para que entendamos a sua palavra, para que seja disseminada em todo o mundo.

As pessoas que forem ressuscitadas e viverem na terra terão corpos carnais e necessidade (sem maldade), em seus corações, de casar-se e dar-se em casamento, devido ao corpo carnal e à valorização de Deus pelo casamento. A palavra de Deus nos diz: "e disse o senhor Deus: não é bom que o homem esteja só; far-lhe-ei uma ajudadora idônea para ele" (Gênesis 2:18). E aqueles que forem ressuscitados para governarem com Cristo (Apocalipse 7:4/Apocalipse 14:1-3) serão iguais aos anjos, por terem um corpo espiritual, igual aos dos anjos. Como o corpo será espiritual, a necessidade de casar não existirá, porque essa vontade é do corpo carnal, e eles não poderão mais morrer literalmente e espiritualmente, pois nada das necessidades da carne existirá no corpo espiritual. Seria como o ser humano não ter vontade de respirar embaixo d'água, porque nosso corpo não é feito para isso.

Glória a Deus pelo seu conhecimento dado através de seu filho Jesus Cristo. Agradeço por tudo que o Senhor tem espiritualmente nos concedido. Perdoe nossos pecados, que são muitos e nos quais caímos sempre. Apesar disso, queremos te dar a alegria de nos ver levantando e perseverando em teu amor. Em nome de teu filho amado, que trouxe sua palavra, que será ouvida e entendida em todo o mundo, amém.

6ª CARTA À NOVA GERAÇÃO CRISTÃ

OS VERDADEIROS JUDEUS

Quanto às coisas da carne, não julgues nossos irmãos, pois estamos sujeitos também a errar, de modo que, se vires um irmão tropeçar, dê-lhe a mão e o encoraje espiritualmente para que se arrependa e não venha a pecar novamente. Aquele que julgar seu irmão da mesma maneira será julgado, pois nós somos servos, e este não julga, mas serve. E aquele que tem poder para julgar é somente Deus, e a quem ele conceder o poder para julgar. Mas purificai nosso coração com o amor de Deus, o qual Cristo trouxe para nos ensinar, pois Deus não faz distinção de pessoas, e sim de corações.

Para a glória e o louvor a Deus, saibamos que no início Deus fez de Israel a casa de Jacó (Gênesis 35:10), da qual os judeus fazem parte, e dominaram em quantidade, na qual seu convênio com eles, através de Moisés, ensinou-os a parte literal de ser judeu, que era seguir os mandamentos de Deus, (circuncisão, guardar o sábado etc... Êxodo 20:3-17). Naquela época os judeus eram o povo de Deus, e os gentios eram as pessoas que não eram de Israel e não guardavam os mandamentos de Deus; e, quando Jesus veio à terra, ele diz que veio somente para as pessoas que estavam seguindo ensinamentos errados da casa de Israel (Mateus 15:24). Portanto o povo de Deus é a nação de Israel; por causa do grande número de judeus, acabamos chamando o povo todo de judeus, mas Cristo veio para nos ensinar o que é ser judeu espiritualmente com base no que é ser judeu literalmente (Romanos 2:28-29). Então nos ensinou que o "Pai não faz acepção de pessoas, mas que lhe é agradável aquele que, em qualquer nação, o teme e faz o que é justo" (Atos 10:34,35). Portanto, se Deus não faz acepção de pessoas, ser judeu literalmente ou não já não tem importância, pois não importa o lugar onde você nasce, ou o costume que você recebe. Mas Deus tem seu povo, e o seu nome é Israel. Portanto, Jesus nos ensina que judeu (Israel) não é mais aquele que veio de um determinado território, mas é judeu (Israel) aquele que ama a Deus e quem tem um coração bom, e gentio não é o estrangeiro de uma terra distante, mas é quem não ama a Deus ou quem não o conhece. Mas, se esse ser humano possui um coração bom perante Deus, ele será considerado judeu (Israel), pois, mesmo sem conhecer a Deus, ele faz coisas que agradam a Ele (Romanos 2:26). Da mesma forma um ser humano que conhece a Deus será considerado judeu (Israel), mas, se ele fizer coisas que Deus desaprova, passará a ser considerado gentio (Romanos 2:25).

Quando Jesus fala que "ainda há outras ovelhas que não são deste aprisco" (João 10:16), ele se refere ao fato de que ainda há pessoas que irão se juntar a ele, ou seja, já existem algumas pessoas com ele, que aceitaram de coração a palavra de Deus e que fazem o que Deus aprova. Ele completa que "também me convém agregar estas, e elas ouvirão a minha voz, e haverá um rebanho e um Pastor." Isso significa que existem pessoas de todas as nações que também vão ouvir sua palavra e a aceitarão de coração, e haverá somente um povo e somente um Deus. Este povo é o povo de Deus, o qual se chama de Israel, e hoje aquele que louva e ama a Deus em espírito e verdade é de Israel (espiritualmente falando). Porque judeu não é o que é exteriormente na carne, mas é no coração. E circuncisão não é a da carne, mas a que acontece no coração (Romanos 2:28,29).

Pai Todo-Poderoso, Deus de amor, que o seu amor seja um conosco, assim como o de Cristo é um com o seu, para que possamos levar a tua palavra de amor para todas as pessoas do mundo. Obrigado, Pai, por ter nos concedido teu espírito de sabedoria, por meio do teu filho amado, pois agora compreendemos um pouco mais sobre teus mistérios. Te pedimos humildemente perdão por nossos pecados. Obrigado por enviar teu filho, mesmo sem merecermos. Nós, seres humanos, maltratamos e matamos o teu filho, que é tão amado pelo Senhor. E, mesmo depois de todo o mal que fizemos, ele se ergue e se disponibiliza a interceder por nós, para que, quando pecarmos, ele chegue perante o Pai e diga: "Perdoe-os, eles não sabem o que fazem." Obrigado, Jesus, obrigado, Pai, e em nome de teu filho amado Jesus Cristo, amém.

7ª CARTA À NOVA GERAÇÃO CRISTÃ

A SALVAÇÃO VEM PELA FÉ OU PELAS OBRAS?

Queridos irmãos, não se enganem quando ouvirem falar que Paulo prega que a salvação vem pela fé somente (Gálatas 2:16), e que Tiago prega que a salvação vem pela fé com obras (Tiago 2:24). Pois os dois discípulos de Jesus falam da mesma coisa, mas Paulo fala da salvação pela fé de um modo espiritual, e Tiago fala da fé de um modo mais literal.

Se Tiago prega a salvação pela fé com obras, como pode ter sido salvo o malfeitor que estava ao lado de Cristo na hora de sua morte? (Quando Jesus diz: "Em verdade te digo que hoje estarás comigo no Paraíso" – Lucas 23:43.) Se o condenado não podia fazer nenhuma obra, como foi salvo?

Se Paulo prega que a salvação vem pela fé somente, como pode Noé ter sido salvo (Gênesis 6:14-22), se não fosse pelas obras? E como pode Moisés ter salvado os hebreus do Egito se não fossem pelas obras (Êxodo 14:15,16)?

Agradecemos ao amor de Deus, que foi dado a nós para compreendermos que Paulo e Tiago falam da mesma fé, um fala de uma forma espiritual e o outro de uma forma mais literal. Pois existe uma diferença entre acreditar e ter fé, por exemplo: todos acreditam que o jogo de loteria existe, e isso é acreditar, mas somente quem participar do sorteio vai ter fé; ou seja, para ter fé você precisa acreditar e seguir o que é mandado. Neste caso a pessoa deve escolher alguns números e pagar para entrar no sorteio, só assim ela passa a ter fé. Também acreditamos que existam espiritismo, macumba, rituais satânicos etc., mas não temos fé nessas coisas porque não seguimos seus mandamentos. Portanto não existe fé sem obras; quando Paulo declara que a salvação não vem pelas obras da lei (Gálatas 2:16), ele quer dizer que a salvação vem por outro tipo de obra. Como aconteceu com o criminoso que morreu junto com Cristo, e foi salvo sem ter feito obra alguma da lei (Lucas 23:39-43), mas foi salvo pela maior obra de todas, que acontece no coração do homem. Pois, quando passamos a acreditar em Jesus Cristo, também acreditamos em seus mandamentos e sentimos que são verdadeiros, e, quando acreditamos em Cristo e em seus mandamentos, nos lembramos das nossas atitudes más do passado, gerando uma grande obra em nosso coração. Para aquele criminoso que estava perto de sua morte, não havia mais tempo de fazer obras perante os olhos humanos, mas pelos olhos de Deus foi observada a maior obra de todas, que é o arrependimento pela fé. Jesus viu no coração daquele homem que, o fato de ele ter acreditado que Jesus era o Cristo, fez com que acreditasse de coração também em sua palavra, e isso fez com que se arrependesse dos seus atos passados, por sentir que a sua palavra era verdadeira. E o fato de ele ter acreditado que Jesus era o Cristo, filho do Pai, e acreditado de coração em seus mandamentos fez com que seu coração botasse em prática o que tinha aprendido, gerando a fé e o arrependimento. Jesus, vendo no coração daquele homem que era verdade, deu uma chance a ele de conhecer o amor do Pai e o salvou pelo arrependimento gerado pela fé que houve em seu coração. Pois, para que se faça qualquer obra da lei, é necessário que aconteça primeiro a maior obra de todas, que é o arrependimento pela fé.

Tiago, quando fala que a salvação vem da fé com obras (Tiago 2:24), refere-se à pessoa que já passou pelo arrependimento pela fé, que acredita em Jesus, segue seus mandamentos e se arrependeu de coração, por ver que seus mandamentos são verdadeiros. Então sua vida já não será mais a mesma, pois, quando você acredita em Jesus e segue seus mandamentos, você passa a ter fé, e essa fé faz com que você deixe marcas, gerando assim as obras que são vistas pelos olhos humanos. Assim como Noé acreditou em Deus e em seus mandamentos, e sua vida já não foi a mesma, porque ele viu que os mandamentos de Deus eram verdadeiros, e botou-os em prática. Então Noé passou a ter fé, que deixou marcas, as quais os homens chamam de obras, e uma delas foi a construção da grande arca com a qual salvou a si e sua família, junto com alguns animais (Gênesis 6:14-22). O mesmo aconteceu com Moisés, que acreditou em Deus e em seus mandamentos, vendo que estes eram verdadeiros. A sua vida não foi mais a mesma, e ele passou a botar em prática os mandamentos de Deus. Então

Moisés passou a ter fé, que gerou obras, e uma delas foi tirar os hebreus do Egito (Êxodo 14:13-16). Tiago revela que a salvação vem da fé com obras porque elas são as marcas deixadas pela fé verdadeira.

Quando acreditamos em Cristo, passamos a acreditar em seus mandamentos e identificar o certo e o errado. De modo que passamos a refletir sobre nossas ações passadas, gerando o arrependimento pela fé. Portanto, quando essa obra acontece, nossa vida já não é mais a mesma, nós passamos a querer não mentir, não trair, não roubar, não odiar etc. Lutamos para não fazer uma coisa que no passado nós amávamos fazer. Gerando assim a prova de que a fé que temos em Cristo e em seu Pai é verdadeira. Pois a fé verdadeira opera a perseverança e, quando as tribulações aparecem, caímos e levantamos, produzindo perseverança, e esta produz experiência para aprendermos a não cair, e a experiência produz a esperança, e a esperança de ser uma unidade com ele não desaponta, pois seremos semelhantes a ele; pois assim como ele é o veremos (1 João 3:2).

Pai amado e Todo-Poderoso, te agradecemos por nos amar primeiro. Obrigado pelo teu espírito de sabedoria que tem nos concedido, para que possamos ter um entendimento maior do teu amor. Não somos dignos de receber tanto amor assim, pois erramos tanto. Perdoe-nos. Obrigado por enviar a tua Luz ao nosso mundo, sei que por um tempo nós amamos mais as trevas que a luz, mas agora sentimos um desejo de amar a luz. Obrigado, Jesus, por ser a Luz do mundo e ter iluminado o nosso coração quando ele mais precisava. Te agradecemos, Pai, em nome de teu filho amado, amém.

8ª CARTA À NOVA GERAÇÃO CRISTÃ

O REPOUSO OU DESCANSO DE DEUS

Gênesis 2:2 diz: "E havendo Deus acabado no dia sétimo a obra que fizera, descansou no sétimo dia de toda a sua obra que tinha feito."

Deus descansou no sentido de ter terminado sua obra, pois tudo em termo de criação já tinha sido concluído.

Hebreus 4:1 diz: "Temamos, pois, que, porventura, deixada a promessa de entrar no seu repouso, pareça que algum de vós fica para trás."

Queridos irmãos, que repouso seria esse? Seria um lugar no céu? Seria a casa de Deus?

Hebreus 4:2,3 diz: "Porque nós, os que temos crido, entramos no repouso, tal como disse: Assim jurei na minha ira que não entrarão no meu repouso; embora as suas obras estivessem acabadas desde a fundação do mundo."

Que a sabedoria espiritual habite dentro de cada um de nós e nos faça entender que, assim como Deus descansou de toda sua criação, nós, depois dos fins dos tempos, descansaremos também. Não de alguma obra que tenhamos feito, pois não criamos nada, mas nossa alma, vivificada pelo espírito de Deus (sua Palavra, seus ensinamentos), descansará de toda impureza da carne, de todo os desejos da carne, pois está escrito em 1 Coríntios 15:51: "Eis aqui vos digo um mistério: Na verdade, nem todos dormiremos, mas todos seremos transformados."

Quando se fala que nem todos dormiremos, está se referindo às pessoas que continuarão vivas literalmente na vinda de Cristo; e, quando se fala que todos serão transformados, isso significa que todos terão um corpo glorioso e perfeito, em que sua alma vivificada pelo conhecimento espiritual de Deus não terá mais que travar lutas com a carne para não pecar (1 Pedro 2:11), pois na carne não existirá a vontade de pecar, então entraremos no repouso de Deus, pois está escrito em 1 Coríntios 15:42-44: "Assim também a ressurreição dentre os mortos. Semeia-se o corpo em corrupção; ressuscitará em incorrupção. Semeia-se em ignomínia, ressuscitará em glória. Semeia-se em fraqueza, ressuscitará com vigor. Semeia-se corpo natural, ressuscitará corpo espiritual. Se há corpo natural, há também corpo espiritual."

Pois todos os desejos da carne que nos levam à morte espiritual serão eliminados, para que possamos estar no repouso de Deus.

1 Coríntios 15:53,54 diz:

"Porque convém que isto que é corruptível se revista da incorruptibilidade, e que isto que é mortal se revista da imortalidade. E, quando isto que é corruptível se revestir da incorruptibilidade, e isto que é mortal se revestir da imortalidade, então cumprir-se-á a palavra que está escrita: Tragada foi a morte na vitória."

Portanto teremos um corpo no qual a morte espiritual, a que leva à morte física pelo pecado, não existirá.

E QUEM ENTRARÁ NESSE REPOUSO DE DEUS?

Hebreus 4:2,3 diz:

"Porque também a nós foram pregadas as boas novas, como a eles, mas a palavra da pregação nada lhes aproveitou, porquanto não estava misturada com a fé naqueles que a ouviram. Porque nós, os que temos crido, entramos no repouso, tal como disse: assim jurei na minha ira, que não entrarão no meu repouso; embora as suas obras estivessem acabadas desde a fundação do mundo."

Todo aquele que possui a fé *verdadeira*, ou seja, todo aquele que persevera até o fim entrará no repouso de Deus:

Mateus 24:13 diz:

"Mas aquele que perseverar até o fim será salvo."

Portanto, amados irmãos, na ressurreição para a vida, nós entraremos no repouso de Deus, pois o repouso será quando tivermos um novo corpo, onde a vontade de pecar não existirá, muito menos o pecado. Não vamos precisar travar batalhas cansativas contra a nossa própria carne para que não pequemos, e a carne não falará mais alto que o espírito. Vós ouvistes que o espírito é forte, mas a carne é fraca. Mas naquele dia ouvireis: "A carne é fraca, mas o espírito é forte".

Por intermédio de Jesus Cristo, que a sabedoria espiritual esteja sempre em nossos corações, para que possamos ensinar sobre o amor do Pai para todas as pessoas. Te pedimos perdão por nossos pecados; não somos merecedores de nada, mas mesmo assim o Senhor nos deu a vida eterna, obrigado por nos amar primeiro. Em nome de Jesus Cristo, o filho do Todo-Poderoso, amém.

9ª CARTA À NOVA GERAÇÃO CRISTÃ

QUEM ERA JOÃO BATISTA?

Passagens que falam que Deus enviaria o Cristo:
Em Isaías 7:14:

"Portanto o mesmo Senhor vos dará um sinal: Eis que a virgem conceberá, e dará à luz um filho, e chamará o seu nome Emanuel."

Em Miqueias 5:2:

"E tu, Belém Efrata, posto que pequena entre os milhares de Judá, de ti me sairá o que governará em Israel, e cujas saídas são desde os tempos antigos, desde os dias da eternidade."

Em Isaías 42:1-4:

"Eis aqui o meu servo, a quem sustenho, o meu eleito, em quem se apraz a minha alma; pus o meu espírito sobre ele; ele trará justiça aos gentios.

"Não clamará, não se exaltará, nem fará ouvir a sua voz na praça. A cana trilhada não quebrará, nem apagará o pavio que fumega; com verdade trará justiça.

"Não faltará, nem será quebrantado, até que ponha na terra a justiça; e as ilhas aguardarão a sua lei."

Em Isaías 62:11:

"Eis que o Senhor fez ouvir até às extremidades da terra: Dizei à filha de Sião: Eis que vem a tua salvação; eis que com ele vem o seu galardão, e a sua obra diante dele."

Em Zacarias 9:9:

"Alegra-te muito, ó filha de Sião; exulta, ó filha de Jerusalém; eis que o teu rei virá a ti, justo e Salvador, pobre, e montado sobre um jumento, e sobre um jumentinho, filho de jumenta."

Em Isaías 9:6:

"Porque um menino nos nasceu, um filho se nos deu, e o principado está sobre os seus ombros, e se chamará o seu nome: Maravilhoso, Conselheiro, Deus Forte, Pai da Eternidade, Príncipe da Paz."

Que a sabedoria de Deus, que nos é transmitida através de seu filho Jesus Cristo, nos faça abrir nossos corações para que entendamos suas palavras e seu propósito, amém.

Deus, por meio de seus profetas, nos deixa claro que viria o Cristo (Miqueias 5:2/Zacarias 9:9/Isaías 9:6) e que uma mulher virgem daria à luz um menino (Isaías 7:14). Quando Maria teve a visita do anjo Gabriel, este lhe informou que o menino seria o filho de Deus (Lucas 1:30-32).

Que o espírito de sabedoria nos faça abrir o coração e entender que Deus é fiel (Números 23:19/Salmos 33:4) e que ele não viria, pois, se prometeu enviar o Cristo, que sabemos que é o filho de Deus, quem viria para o nosso mundo seria o Cristo. Mas há algumas pessoas que acreditam que cientificamente seria impossível Maria dar à luz uma criança sem ajuda do sexo masculino. Pois bem, se Maria e José tivessem tido relação resultando em um filho, este não seria Jesus, filho de Deus, pois o ser humano tem esse dom, dado por Deus, de gerar uma alma vivente (um corpo e uma alma), portanto essa criança teria sua alma própria, e, mesmo se Deus tivesse dado todo o poder de Jesus para essa criança, o menino estaria representando o Messias, e não sendo o próprio Messias. Mas Deus prometeu enviar o seu filho Jesus Cristo, e enviou, pois Deus, pelo seu poder, fez com que Jesus abandonasse seu corpo espiritual para dar vida a um corpo carnal, cumprindo Deus com sua promessa e seu propósito, que era de enviar seu filho, para nos ensinar sobre o amor do Pai Todo-Poderoso. Deus, que criou os céus e a terra, e tudo que neles existe, não poderia criar um espermatozoide para engravidar Maria? Sim, ele criou a parte geneticamente masculina, e essa carga genética seria a dos japoneses, americanos ou portugueses? Claro que não, pois ele prometeu que o salvador sairia da linhagem de Davi, logo Jesus era geneticamente da linhagem de Davi (Lucas 1:32/Atos 13:22-23/João 7:42). E até os dias de hoje as pessoas não entendem como Jesus era da linhagem de Davi se não era filho de José, mas Deus, com o seu infinito poder, criou a parte geneticamente masculina com heranças genéticas da linhagem de Davi (Lucas 1:35), fazendo Maria gerar um corpo carnal, para que a alma de Jesus desse vida a esse corpo, e que o corpo pudesse dar vida ao Cristo.

Que a glória de Deus abra nosso coração, como aconteceu com o profeta Elias, pois Deus prometeu através de Malaquias mandar Elias (Malaquias 4:5), portanto Deus o Todo-Poderoso é fiel e nele não há mentira (Números 23:19); se ele prometeu que mandaria Elias, por que então ele iria mandar alguém para representar Elias?

Amados irmãos, Jesus, quando esteve na terra humanamente, nos disse que Elias já tinha vindo (Mateus 17:11,12), e Jesus não precisou anunciar quem era Elias, pois seus discípulos entenderam que falava de João Batista (Mateus 17:13). Da mesma forma que, se os pais de João Batista tivessem gerado um filho normalmente, esse filho jamais seria Elias, porque teria um corpo e uma alma própria, gerada através dos seus pais. Porém para que a promessa de Deus se cumprisse, Deus fez com que a alma de Elias deixasse seu corpo espiritual para dar vida a um corpo carnal (Malaquias 4:5). O próprio Jesus disse que João era mais que um profeta (Mateus 11:9), pois todos os profetas receberam o Espírito Santo depois de uma certa idade, mas João, desde o ventre da sua mãe, era cheio do Espírito Santo (Lucas 1:7); e que Elias já teria vindo e que se tratava de João Batista (Mateus 17:12,13). A própria Izabel e seu marido já eram avançados em idade, fisicamente não poderiam mais ter filhos, e os próprios sabiam disso. Mas, ao lermos, percebemos que foi um milagre feito por Deus, como fez com o nascimento de Jesus. O próprio anjo declara que Izabel terá um filho. Prestem atenção ao fato de que ele não diz para Zacarias ter relações com Izabel para que eles tivessem um filho.

O lado humano de Zacarias aparece e questiona o anjo sobre como isso aconteceria. O anjo, vendo que

Zacarias não entendeu que não precisava de ajuda de um homem, o fez ficar mudo por duvidar de como aconteceria aquilo, se ele e sua esposa já tinham uma idade avançada (Lucas 1:13-25). Algo muito diferente do que aconteceu com Maria, que, mesmo mostrando seu lado humano em duvidar, se redimiu quando declarou que estava à disposição do Senhor (Lucas 1:31-38).

Portanto, amados irmãos, sabemos que a reencarnação, como dizem muitas pessoas, é o que acontece após a morte. Mas sabemos que este é um ensinamento errado, pois depois que morremos aguardamos o dia do julgamento final, e ele virá sem falha (João 5:28--29). Porém peço que respeitemos os propósitos do Senhor, pois ele é o Todo-Poderoso. E, se ele quiser que aconteça conforme a sua vontade, irá acontecer. Na palavra de Deus se diz o seguinte: "E, como aos homens está ordenado morrerem uma vez, vindo depois disso o juízo" (Hebreus 9:27). Portanto, se é ordenado morrermos apenas uma vez, vindo depois o juízo, o que dizer das pessoas que foram ressuscitadas por Jesus (João 11:43,44/Marcos 5:41,42) e seus discípulos (Atos 9:37-41), se era ordenado morrer uma só vez: quer dizer que essas pessoas estão vivas até hoje? Deus quebrou sua palavra? Meus queridos irmãos, Deus sabe que o ser humano morre apenas uma vez, porque foi ele que fez todas as coisas, mas, para cumprir o seu propósito naquela época, ele permitiu que pessoas fossem ressuscitadas para mostrar ao povo que ele era o Deus verdadeiro, o Todo-Poderoso, para que as pessoas cressem em seu nome (João 11:4,42).

Não devemos distorcer sua palavra pelo simples fato de achar que estamos concordando com ensinamentos espíritas, pois não estamos. Deus conhece nossos corações, e, ao acreditar em sua palavra, que ele haveria de mandar seu filho, acreditaremos de coração que Jesus era seu filho, e não alguém representando Jesus; e, ao crer que ele haveria de mandar Elias, acreditaremos que ele mandou Elias, e não alguém representando Elias. E digo mais: o propósito de Elias não era ser anunciado, mas ser reconhecido, como Jesus falou: "Mas digo-vos que Elias já veio, e não o conheceram, mas fizeram-lhe tudo o que quiseram" (Mateus 17:12). E até os dias de hoje não o reconhecem.

Pai nosso que estais nos céus, obrigado por todas as coisas que o Senhor nos dá, perdão pelos nossos pecados, porque são muitos. Obrigado por enviar teu filho para nos ensinar o teu amor. Obrigado, Jesus, por ter vindo e ter nos ensinado; somos tão desmerecedores, mas o senhor veio e nos amou. Não te pedimos nada para nossa glória, mas te pedimos a sua sabedoria para levar a glória do Pai ao mundo. Que essas palavras que são de teu Pai cheguem aos corações das pessoas para que saibam da verdade e não as deixem cair em ensinamentos enganosos. Em nome do teu filho amado, amém.

10ª CARTA À NOVA GERAÇÃO CRISTÃ

O QUE É O SANGUE PARA DEUS?

Mateus 10:39 diz:
"Quem achar a sua vida perdê-la-á; e quem perder a sua vida, por amor de mim, achá-la-á."
Marcos 8:35 diz:
"Porque qualquer que quiser salvar a sua vida, perdê-la-á, mas, qualquer que perder a sua vida por amor de mim e do evangelho, esse a salvará."
Mateus 16:25 diz:
"Porque aquele que quiser salvar a sua vida, perdê-la-á, e quem perder a sua vida por amor de mim, achá-la-á."
Para que a sabedoria espiritual concedida por Deus, o Todo-Poderoso, nos dê um perfeito entendimento da sua palavra, saibamos que, quando Jesus, o filho do Pai, fala em achar sua vida ou salvar a sua vida, ele se refere à vida de iniquidade ou vida mundana; quem achar essa vida perderá a ressurreição para a vida espiritual no fim dos tempos. Já aquele que perder essa vida pecaminosa achará em breve a vida espiritual eterna na ressureição.
Deus é amor e quer que você perca sua vida simbolicamente (de iniquidade), e não literalmente. E, para

que possamos entender o significado do sangue falado por Jesus, precisamos saber em espírito que: o que dá a vida à carne é o sangue "a carne, porém, com sua vida, isto é, com seu sangue, não comereis" (Gênesis 9:4). Espiritualmente falando, o sangue seria os desejos pecaminosos de que a carne necessita para estar viva em pecados. Pois, se os desejos (sangue) alimentam a carne, o que alimenta o nosso espírito (conhecimento espiritual)? Vejamos.

Jesus respondeu: "Está escrito: Nem só de pão viverá o homem, mas de toda palavra que procede da boca de Deus" (Mateus 4:4).

Portanto a palavra de Deus é o que alimenta o nosso conhecimento espiritual. E o que é da carne e do sangue, que são os desejos da carne e o pecado em si, não poderá herdar o reino de Deus. Mas aquele que se alimenta da palavra de Deus, e cuja carne está morta pela falta de sangue (desejos da carne), herdará o reino de Deus. Porque, quando a pessoa se alimenta da palavra de Deus, o conhecimento espiritual aumenta, fazendo com que a pessoa deixe de alimentar o corpo com os desejos da carne e, assim, que ela não peque, tornando a carne morta para o pecado.

A palavra de Deus nos revela em Atos 15:20: "Mas escrever-lhes que se abstenham das contaminações dos ídolos, da fornicação, do que é sufocado e do sangue."

Em Atos 15:29:

"Que vos abstenhais das coisas sacrificadas aos ídolos, e do sangue, e da carne sufocada, e da fornicação, das quais coisas bem fazeis se vos guardardes. Bem vos vá."

Nesses trechos, Jesus, através dos apóstolos, fala que a salvação também é para os gentios (na época os não israelitas, e hoje as pessoas que não conhecem ou não aceitam a Deus) e dá um mandamento para se absterem de tudo que é dos ídolos, do sexo fora do casamento, e do sangue. Se o sangue mencionado fosse literal, seria muito fácil conseguir a salvação para os gentios, mas sabemos que não é assim. Nesses trechos, Jesus fala do sangue simbólico, que os gentios deveriam abster-se dos desejos da carne.

Em João 6:53, Jesus ensina que quem não beber do seu sangue não terá vida; se os discípulos estivessem falando do sangue literal (Atos 15:20,29), seria contraditório com o que Jesus ensinou. Mas ele está falando do sangue simbólico, pois o seu sangue é puro por ter superado os desejos da carne pelos ensinamentos e amor ao seu Pai, nos dando o exemplo de como conseguir vencer o pecado. Do mesmo modo, os seus discípulos estão falando do sangue simbólico, pois, se as pessoas se absterem do que contamina o homem, por amor a Deus e por seus ensinamentos, elas terão um corpo onde os desejos serão vencidos, tornando esse corpo morto para o pecado e vivo para Deus (Romanos 6:10).

Quando Jesus fala do sangue, ele está falando dos desejos da carne. Portanto o ato de uma transfusão sanguínea não condenaria o homem, porque em Marcos 7:21-23 diz:

"E ele disse-lhes: Assim também vós estais sem entendimento? Não compreendeis que tudo o que de fora entra no homem não o pode contaminar,

"Porque não entra no seu coração, mas no ventre, e é lançado fora ficando puras todas as comidas?

"E dizia: O que sai do homem isso contamina o homem. Porque do interior do coração dos homens saem os maus pensamentos, os adultérios, as fornicações, os homicídios,

"Os furtos, a avareza, as maldades, o engano, a dissolução, a inveja, a blasfêmia, a soberba, a loucura. Todos esses males procedem de dentro e contaminam o homem.

"Portanto o sangue mencionado por Jesus é simbólico. Pois só os desejos da carne é que condenam o homem."

Jesus fala do que condena o homem em Marcos 7:20-23:

"E dizia: O que sai do homem isso contamina o homem. Porque do interior do coração dos homens saem os maus pensamentos, os adultérios, as fornicações, os homicídios.

"Os furtos, a avareza, as maldades, o engano, a dissolução, a inveja, a blasfêmia, a soberba, a loucura. Todos estes males procedem de dentro e contaminam o homem."

Jesus não comentou sobre o sangue literal contaminar o homem, porque Jesus estava falando do sangue simbólico, que são os desejos da carne.

Cristo teve um sangue (desejos da carne) que pelos ensinamentos superou os desejos do seu corpo, ou seja, os desejos que seu corpo tinha foram superados pelo amor e pelos ensinamentos de seu Pai. E seu sangue (simbólico) era puro, pois, pelos ensinamentos e pelo amor a Deus, ele tornou o seu sangue sem desejos e seu corpo sem pecados.

Em Marcos 14:24, diz:

"E disse-lhes: Isto é o meu sangue, o sangue do novo testamento, que por muitos é derramado."

Nesse trecho, Jesus fala do sangue simbólico, que o exemplo dele de ter vencido os desejos da carne seria para a salvação das pessoas. E, quando ele fala em derramado, quer dizer que foi dado o exemplo para muitos.

Queridos irmãos, para que haja sabedoria espiritual em abundância em vós, por meio de Jesus, filho do Pai, escrevo, através da sabedoria espiritual vinda do Espírito Santo, que Deus e seu filho não querem ver pessoas morrerem por abster-se de sangue literal (pois como Deus faria um ser perder sua vida literal por sangue carnal?), muito menos tratar mal irmãos que receberam algum tipo de doação.

Deus não é um Deus de desordem, mas de paz (1 Coríntios 14:33), e sua palavra não se contradiz, porque ele é fiel (2 Tessalonicenses 3:3). Para a glória do Pai, o Todo-Poderoso, criador de todas as coisas materiais e espirituais existentes, através de seu filho Jesus, que se fez carne e veio nos ensinar a amar o Pai, compreendamos sua palavra através de seu espírito de sabedoria, que nos é dada para entendimento das coisas espirituais.

Quando Jesus ensina aos seus discípulos sobre o que contamina o homem, descrito em Marcos 7:20-23, e quando os discípulos são questionados a respeito do que os gentios teriam que fazer para conseguir salvação, os discípulos respondem.

Em Atos 15:20:

"Mas escreve-lhes que se abstenham das contaminações dos ídolos, da fornicação, do que é sufocado e do sangue."

Em Atos 15:29:

"Que vos abstenhais das coisas sacrificadas aos ídolos, e do sangue, e da carne sufocada, e da fornicação, das quais coisas fazeis se vos guardardes. Bem vos vá."

Quando os apóstolos tiveram os ensinamentos de Jesus, conseguiram compreender as coisas que Jesus falava "os adultérios, as fornicações, os homicídios, os furtos, a avareza, as maldades, o engano, a dissolução, a inveja, a blasfêmia, a soberba, a loucura" (Mateus 15:19/Marcos 7:21,22). Tratava-se do que alimentava em pecados a carne, e o que alimenta a carne é o sangue, então passaram a compreender que o sangue simbolicamente seria os desejos da carne, por isso disseram que os gentios também teriam que se abster do sangue, não literal, mas do simbólico.

Que a glória e o amor do Pai Todo-Poderoso habitem no coração de todas as pessoas do mundo. Pai nosso que estais nos céus, e que está também em nossos corações, te agradecemos por todas as coisas que o Senhor criou. Só podemos te agradecer e pedir perdão por nossos pecados, que são muitos. Somos os piores pecadores, porque, mesmo conhecendo a tua palavra, ainda erramos. Obrigado por mandar teu filho à terra para nos ensinar a como te amar em espírito e verdade. Obrigado, Jesus, por ter vindo de coração nos ensinar e morrer nos ensinando, não somos merecedores, mas o Pai nos ama e seu filho também, e eles nos amaram primeiro, obrigado. Em nome de seu filho amado, amém.

11ª CARTA À NOVA GERAÇÃO CRISTÃ

A DIDÁTICA DE DEUS

Queridos irmãos, há entre nós muitas contendas, as quais não edificam, mas sujam o nome do nosso Deus amado. Aqueles que amam a Deus se dividem em muitas denominações: as que guardam o sábado, as que guardam o domingo, as que não aceitam tratamento com sangue literal, as que usam imagens, as que não possuem imagens, as que cobram dízimo etc. E todas se julgam entre si.

Precisamos abrir nossos corações, para entender os planos do nosso criador. Assim como a água passa por várias etapas para se tornar limpa, nós também passamos por várias etapas, desde a criação do homem, para tornar o nosso coração e entendimento puros perante Deus. Antes da vinda de Cristo à terra, o povo de Deus obedecia aos seus Dez Mandamentos literalmente (Êxodo 20:3-17/Deuteronômio 5:7-21). E um desses mandamentos era o de guardar o sábado literalmente; a princípio o sábado era totalmente exclusivo para adorar a Deus, e isso durou centenas de anos até se tornar algo comum para o povo. Quando Jesus Cristo veio à terra, ele trouxe outro significado para o sábado (Mateus 12:11-12), fazendo com que o seu povo estranhasse o comportamento de Jesus por ser uma coisa nova (Mateus 12: 2,10). Agora o sábado já não era para adorar a Deus, mas para amá-lo (Marcos 12:30), ou seja, o que aprendeu na adoração você colocaria em prática na sua vida, sem estar preso ao sábado literal, como amar a Deus e o próximo como amamos a nós mesmos, isso é o sábado. Sem a iniciação desse dia como adoração exclusiva, eles não teriam base para compreender o ensinamento maior de Deus para esse dia (Gálatas 3:24), assim, Deus, por intermédio de Jesus, dá um significado maior para seus mandamentos. Agora não são dez mandamentos, são apenas dois, e todos os dez se resumem em dois (Mateus 22:37-40). De modo que o povo jamais iria entender os dois mandamentos se ele não tivesse aprendido durante séculos os dez mandamentos.

    Contudo, o sábado para Deus já não é literal, e sim espiritual, ou seja, em qualquer segundo, minuto, hora em que você amar a Deus em espírito e verdade e amar o próximo como amamos a nós mesmos (João 4:21-24), essa expressão de amor é o sábado. Ele quer que você guarde o sábado em seu coração, para que tudo o que você aprendeu seja levado para onde quer que você vá. Se algum irmão quiser guardar o sábado literalmente, está livre para fazer isso, e será bem-visto aos olhos de Deus por estar fazendo algo para ele (Romanos 14:1-8), mas não será bem-visto por Deus o irmão que guardar o sábado apenas por imposição religiosa, porque Deus quer as coisas feitas por amor, e não por obrigação (Marcos 12:30).

Da mesma forma, quando Deus proibiu o povo de Israel e estrangeiros a comer sangue literal de animais (Levítico 17:12), ele estava conservando a saúde do seu povo, mas também os estava preparando para quando Jesus viesse, então entenderiam o significado da proibição de comer sangue. Jesus passou a ensinar o lado espiritual de comer sangue, pois o que contamina o homem não é o que entra no homem, mas o que sai do seu coração (Mateus 15:17-20/Marcos 7:15-23). Portanto seus apóstolos, quando receberam o ensinamento de Jesus, aprenderam que o que alimenta a carne é o sangue, mas espiritualmente o que alimenta a carne são os desejos dela, pois com os desejos ela consegue o pecado e se torna viva em pecados. Dessa maneira conseguiram entender que o sangue na verdade é a vontade de matar, de cometer adultério, de fornicação, de dar falsos testemunhos, de blasfemar, de roubar, de invejar, entre outras coisas, de que o corpo necessita. Portanto conseguiram aprender que o sangue, espiritualmente falando, são os desejos da carne. E, quando os apóstolos de Jesus dão o ensinamento de que os gentios se abstenham de sangue, eles se referem ao sangue simbólico, o ensinado por Jesus (Atos 15:29). Desse modo, Deus consegue passar um ensinamento maior para seu povo, mas para isso ele precisou, durante séculos, fazer com que o seu povo tivesse como base esse costume de não comer sangue de animais. A princípio para preservar a saúde do povo, mas depois, com a vinda de Cristo, para ensinar a parte espiritual do ensinamento. Portanto o povo de Deus, se não houvesse tido uma base para o ensinamento de Cristo, não iria entender as lições espirituais dadas por ele. Há muitos outros ensinamentos que Deus passou de uma forma literal para o seu povo, para que, quando Jesus Cristo viesse, nos ensinasse a lição espiritual com base no aprendizado literal que o povo já teria.

Amados irmãos, atualmente temos muitos irmãos em Cristo pelo mundo todo, e a grande maioria está dividida em denominações. E muitas delas transmitem ensinamentos da maneira que era antes da vinda de Jesus Cristo. Mas glória ao nosso Pai Todo-Poderoso, que enviou seu filho e nos deu o ensinamento espiritual, para seguirmos vivendo como ele nos ensinou. Mas algumas denominações ensinam que, para fazer parte dela, você é obrigado a aceitar os mandamentos do jeito que elas seguem (como eram antes de Cristo), por exemplo: para fazer parte de tal denominação, você é obrigado a guardar o sábado, guardar o domingo, não fazer transfusão de sangue, usar imagens, ser dizimista etc.

Queridos irmãos, que nossos corações se abram para o amor do Pai Todo-Poderoso, para que entendamos os seus ensinamentos. Pois Jesus Cristo nos deu os dois grandes ensinamentos, de amar a Deus em primeiro lugar e amar o próximo como a nós mesmos. Esses dois ensinamentos resumem todos os outros (Mateus 22:36-40). Portanto, se, em uma determinada denominação, o irmão é obrigado a guardar o sábado ou o domingo, a guarda dos dois dias não será por amor, mas por obrigação. Porém Deus não quer que guardemos o sábado ou o domingo ou qualquer outro dia por obrigação, pois ele ensinou: "amar a Deus sobre todas as coisas", de modo que, se guardarmos por obrigação, onde estará o amor a Deus? E, se fazemos o bem no sábado e no domingo, ou em algum outro dia, qual a diferença? Não se fez do domingo o sábado, ou de qualquer outro dia o sábado? Façamos de todos os dias o sábado.

Também há denominações que seguem os ensinamentos sobre o sangue como se fosse nos tempos antes de Cristo (Levítico 17:12). Mas glória ao Deus Todo-Poderoso, que enviou seu filho para nos ensinar sobre o sentido espiritual de abster-se de sangue. Pois de que adianta o irmão se abster de sangue literal se sua carne está cheia do sangue simbólico (desejos da carne)? Qual trará a salvação: estar cheio do sangue simbólico, mas não tomar o sangue literal, ou estar com um sangue simbólico (desejos da carne), parecido com o de Cristo, e tomar sangue literal?

Também há denominações que ensinam que a pessoa deve ser dizimista, seguindo o mandamento como se fosse antes da vinda de Cristo (Levítico 27:30-32). Nesse período, Deus impôs esse mandamento para dar iniciação nas suas obras terrenas, pois precisaria de um local que servisse de base para o seu povo. Mas bendito é o Senhor de toda a glória, que enviou o seu filho para nos ensinar que devemos amar a Deus sobre todas as coisas, pois, se a religião ensina que se deve pagar dízimo, a partir do momento que é obrigação já não é de coração. E Deus se agrada com valor dado por obrigação ou de coração?

Pai nosso que estais nos céus, glória ao Senhor, criador de todas as coisas, obrigado por nos dar o teu conhecimento espiritual. Usaremos esse conhecimento não para fins próprios, mas para a tua gloria, que cada pessoa venha a conhecer o teu amor e como amá-lo. Te agradecemos por ter enviado teu filho Jesus; mesmo sem merecermos, ele veio de coração, nos ensinou e teve paciência conosco. Obrigado por nos amar primeiro, em nome de seu filho amado, amém.

12ª CARTA À NOVA GERAÇÃO CRISTÃ

A RELIGIÃO QUE ENSINA QUE É POR AMOR NÃO TROPEÇA

Há alguns irmãos que usam imagens para lembrar-se de certa pessoa e para pedir intercessão. Mas, se vejo o irmão que usa imagens para esses fins e digo que é idolatria, me faço juiz e julgo o irmão. É errado julgar o próximo (Mateus 7:1), e também é errado fazer o próximo julgar ou tropeçar (Mateus 18:6,7).

Agora somos amigos de Cristo, e não servos, porque, quando éramos servos, fazíamos as coisas obrigados, mas agora somos amigos de Jesus e, se fazemos alguma coisa, fazemos por amor (João 15:15). Sendo assim, as denominações devem ensinar as pessoas a agirem por amor e não por obrigação ou costume. Porque é um grande pecado fazer o nosso irmão tropeçar julgando seu próximo. Entretanto, se julgo o irmão porque ele guarda o domingo em vez de guardar o sábado, acabo tropeçando ao julgar o irmão. Se julgo o irmão por guardar o sábado e não o domingo, acabo tropeçando ao julgar o irmão. E, se julgo também o irmão porque tomou sangue literal, acabo tropeçando ao julgar o irmão. E, se julgo o irmão por não tomar sangue literal, acabo tropeçando por julgar o irmão. E, se uso imagens e faço o meu irmão tropeçar me julgando, acabo tropeçando por fazer o irmão me julgar, e também o irmão tropeça por me julgar. Onde estará a edificação no meio disso tudo? Se tropeço, é porque alguém me fez tropeçar, e quem faz com que o irmão tropece é a sua própria denominação, por ensinar que é obrigado a seguir tal ensinamento do jeito que a denominação quer que siga. Se julgo o irmão por algum ensinamento que para minha igreja é obrigatório e para a outra não é, a minha própria denominação está me fazendo tropeçar por me ensinar que tal ensinamento é obrigatório (Mateus 18:6). Mas, se todas as denominações ensinassem que se deve agir apenas se for por amor a Deus, ninguém julgaria o próximo, porque saberiam que, se alguém guarda o sábado, ou guarda o domingo, ou é dizimista, ou não toma sangue literal, ou toma sangue literal, mas evita tomar sangue simbólico, este o faz por amor a Deus. Não é errado guardar o sábado, ou o domingo, pagar dízimo, não tomar sangue etc. porque, se fazemos isso, fazemos para o Senhor, e ele se agrada quando fazemos alguma coisa por ele (Romanos 14:1-8), mas apenas quando é de coração (Marcos 12:30).

Pai amado, te agradecemos por nos conceder seu espírito de sabedoria, para que possamos entender a formar como o Senhor quer que o amemos. Obrigado por enviar seu filho, Jesus Cristo, que veio até nós com toda a humildade e amor, para dividir o teu amor conosco. Perdoe-nos porque somos os piores pecadores, pois conhecemos o teu amor e te magoamos mesmo assim. Desejamos que o amor que teu filho veio nos trazer seja compartilhado através de ações e palavras, com todas as pessoas do mundo. Em nome do teu filho, Jesus Cristo, amém.

13ª CARTA À NOVA GERAÇÃO CRISTÃ

ENSINAMENTOS

Amados irmãos, abriremos o nosso coração para que o amor de Deus faça morada nele, a fim de que possamos entender seus ensinamentos. Se estiverem sem entendimento de alguma coisa, orem e peçam a Deus de coração, por intermédio de seu filho Jesus, para que ele mande o espírito de sabedoria (conhecimento espiritual), a fim de nos ensinar sobre sua palavra, para que possamos aprender do jeito que ele quer que saibamos.

A CONTENDA PELO CORPO DE MOISÉS

Jesus Cristo, quando esteve na terra, na forma humana, nos ensinou a respeito do corpo de cristo (1 Coríntios 12:27) e sobre quem é a cabeça do corpo (Colossenses 1:8), pois todas as pessoas que amam e seguem ao filho de Deus são o corpo de Cristo (Efésios 5:30), e Jesus é a cabeça por ser o líder do povo e o representante de Deus aqui na terra. Além disso, Deus é a cabeça de Cristo (1 Coríntios 11:3), por ser o criador de tudo. Mas, nos tempos de Moisés, não existia ainda Jesus na forma humana, e quem era o representante de Deus na terra nesse tempo era Moisés.

Portanto, quando os apóstolos de Jesus aprenderam sobre o que é ser membro de um corpo, o que é o corpo e o que é a cabeça, conseguiram entender que, nos tempos de Moisés, Israel era o corpo de Moisés, e Moisés era a cabeça de Israel, por ser o líder do povo e o representante de Deus na terra. Contudo, o discípulo de Jesus, ao escrever sobre quando o Arcanjo Miguel contendia com o diabo, e disputava a respeito do corpo de Moisés (Judas 1:9), está se referindo ao povo de Israel, que era o corpo de Moisés, e não ao corpo literal. Satanás, sendo um ser muito inteligente, tentou se aproveitar da morte de Moisés para desencaminhar o povo de Deus, pois o povo de Israel (corpo de Moisés) estava sem um líder e muito triste (Deuteronômio 34:8), ou seja, estava sem um representante de Deus. E o Arcanjo Miguel, percebendo as intenções de Satanás, impediu que ele desviasse o povo dos caminhos de Deus para o caminho do mal.

Existem pessoas que ensinam que o corpo de Moisés era literal, e que o Arcanjo Miguel e o diabo brigaram pelo corpo literal para evitar que alguns de Israel pegassem os restos mortais para idolatria. Mas o povo de Israel não precisaria do corpo ou de alguma parte do corpo de Moisés para idolatrar, pois, assim como fizeram um bezerro de ouro, poderiam fazer qualquer coisa que simbolizasse Moisés, como o seu cajado, a sua roupa, o seu rosto etc. E Deus não escondeu seu corpo literal para evitar que o idolatrassem, mas por amor a seu servo, porque Deus cuida de seus filhos até mesmo na hora de sua morte; ele mesmo o sepultou (Deuteronômio 34:4-6), pois Moisés foi um servo muito amado por Deus e como Moisés não houve outro (Deuteronômio 34:10). Contudo também há alguns que dizem que a disputa era pelo corpo literal porque Deus queria ressuscitar Moisés, e Satanás não estava deixando, mas sabemos que, se Deus ressuscitou Moisés, ele ressuscitou com um corpo espiritual, e não com um corpo carnal. De modo que não teria motivos para brigar por um corpo carnal.

QUE OBRAS MAIORES QUE AS DE CRISTO PODEMOS FAZER?

Queridos irmãos, quando li as palavras de Jesus no livro de João 14:12, fiquei sem entender como nós, que amamos a Deus e ao seu filho, poderíamos fazer as mesmas obras que Jesus fez, e ainda por cima maiores do que a dele. Pois parei para analisar nossos dias. Onde estão curas milagrosas, ressurreição dos mortos, multiplicação de alimentos para os necessitados, entre outros milagres? Então orei a Deus, em nome de Jesus Cristo, para que me explicasse o que ele queria dizer naquelas palavras de João 14:12, que estão na Bíblia. Não para minha glória, mas para a glória do Pai, para que pudesse ser ensinado para todas as pessoas o seu ensinamento, do jeito que ele realmente quer que saibamos.

    E glória ao Pai Todo-Poderoso, pois, através do seu filho Jesus Cristo, fez como quando esteve ensinando na terra, por meio de parábolas. Pois, por meio de um sonho, ele me fez sonhar uma parábola, e o sonho era da seguinte maneira: estava eu em uma linda praia pequena, e as duas pontas da praia eram cercadas por montanhas lindas e verdes, a areia era clara e fina, no horizonte eu enxergava o mar azul e algumas ilhas muito bonitas. Eu estava sentado na areia e contemplava a beleza daquele lugar que nunca vira antes, e ao redor havia algumas pessoas e também crianças na praia; não sei quem eram, mas em determinado momento uma cena me chamou a atenção. Uma mãe com o filho no colo, o garoto deveria ter uns sete ou oito anos, e tinha alguma deficiência física nas pernas. Sua mãe o deixou na beira da praia sentado em uma parte bem rasa, onde a água era cristalina e transparente, ele ficou brincando com a água e vendo outras crianças correndo, e sua mãe se afastou. Não sei o motivo. Então fiquei triste por ver uma criança naquela situação, de querer correr como as outras, mas não poder. Foi então que veio por trás de mim, no meu ouvido, uma voz, e essa voz eu conhecia e senti que era Jesus falando. Ele dizia: "vai lá com o garoto, e diz para ele levantar e andar", então comecei a dizer desesperado: "está brincando, eu não posso, como vou fazer isso? Não posso fazer isso." A voz falou isso por três vezes, e, na terceira vez, eu acreditei e fui falar com o garoto. Aproximei-me, abaixei do lado dele e perguntei se ele acreditava que poderia andar, e ele me respondeu que sim. Então peguei em sua mão e disse "levanta e anda", o garoto levantou e andou, e logo depois saiu correndo ao encontro de sua mãe, sem nenhum tipo de deficiência. Então acordei do sonho sentindo em meu coração que eu deveria ler novamente a passagem de João 14:12; foi quando eu entendi as palavras de Cristo. Contudo Jesus não está falando que após ele nós iriamos fazer obras de cura, de ressuscitar alguém, de multiplicar pães e peixes, entre outros milagres maiores que os que ele fez, porque isso é muito fácil para Deus. A grande obra da qual Jesus fala é de fazer uma pessoa acreditar em sua palavra e aceitar de coração a Deus como sendo o único Deus verdadeiro, e a Jesus, a quem ele enviou. Essa é a grande obra para Cristo, porque Jesus plantou a palavra de Deus em algumas pessoas quando esteve na terra como humano, mas não eram tantas pessoas. Entretanto hoje podemos ver a palavra de Deus sendo pregada e aceita para um número de pessoas muitas vezes maior que as do tempo de Cristo. E esta é a grande obra que, após ele, faríamos maiores que a dele.

ALGUMAS QUESTÕES QUE NÃO DEVEM CAUSAR DISCUSSÕES OU INTRIGAS

A Cruz ou o Madeiro (Estaca)?

Amados, há entre os irmãos discussões e intrigas a respeito de alguns ensinamentos desnecessários, que fazem até os irmãos se separarem em denominações. Gerando alegações de que uma denominação está certa e a outra não, deixando os membros do corpo de Cristo separados por discussões que não edificam, por exemplo: Jesus morreu na Cruz ou no Madeiro (Estaca)? Uns afirmam que foi na Cruz e outros afirmam que foi no Madeiro (Estaca), mas, pela sabedoria de Deus, entregue a nós por meio de seu filho amado, perguntemo-nos: quem ressuscitou ao terceiro dia, a Cruz ou o Madeiro? Com certeza nenhum dos dois, e sim Jesus Cristo, o filho do Pai. Portanto, a Cruz ou o Madeiro não são importantes, porque o importante é saber que Jesus Cristo morreu e ressuscitou.

A trindade é literal ou simbólica?

Amados, existem entre nós discussões que não edificam, a respeito de o Pai, o Filho e o Espírito Santo serem três em uma pessoa literal ou simbolicamente. De modo que os irmãos discutem e não chegam a uma conclusão, deixando-os chateados uns com os outros e gerando uma separação ao invés de gerar a união e o amor mútuo que Cristo nos ensinou (João 13:35). Portanto, quando Cristo nos ensinou a respeito do Pai, do Filho e do Espírito Santo, podemos perceber claramente que eles estavam separados fisicamente, mas eram um simbolicamente, pelo fato de Jesus estar na terra, e o Pai no céu, e o Espírito Santo ser enviado do céu à terra. Mas Deus é o Todo-Poderoso, e nós somos apenas seres humanos pecadores, portanto não temos autonomia para afirmar que o Pai, o Filho e o Espírito Santo são separados fisicamente e apenas unidos simbolicamente para todo o sempre. De modo que, se foi da vontade de Deus que se apresentasse como sendo o Pai, Jesus sendo o seu Filho, e o Espírito Santo como uma pomba, nós, pecadores, não temos autonomia para falar que Deus seja eternamente dessa forma, pois Ele não está preso a formas. Se for de sua vontade ser três em um literalmente, ele pode ser, pois é o Todo-Poderoso e criador de tudo que existe. Portanto, quando o irmão alegar que Deus é o Pai, o Filho e o Espírito Santo, que são uma pessoa literalmente, acredite, pois Deus é o Todo-Poderoso, e nós somos apenas seres humanos pecadores, não temos autonomia para definir a sua forma. Do mesmo modo acredite quando o irmão alegar que o Pai, o Filho e o Espírito Santo são literalmente separados, mas um simbolicamente. A forma com que as igrejas ensinam sobre Deus é apenas didática, usada por elas para ensinar as pessoas. Com o passar dos séculos, a didática virou o próprio Deus, e isso se tornou um grande problema, pois prendemos Deus a uma didática. Contudo, é muito difícil para as pessoas que *não* fazem parte da Nova Era ou Geração Cristã enxergarem que a trindade literal ou simbólica não é Deus, mas sim uma forma de entender sobre ele.

Amor e glória ao nosso Deus, o Todo-Poderoso, pois, se os irmãos aceitarem este ensinamento, concordarão entre si, gerando união, amor e paz, que são as marcas de um discípulo de Cristo (João 13:35). E perceberão que a sua forma não é o importante, mas sim a sua essência. Não importa a forma com que Deus se apresente, porque a sua essência nunca muda (1 João 4:7,8). E é isso que é importante discutir, gerando conhecimento para edificar o corpo de Cristo.

Quem é o Pai, o Filho e o Espírito Santo?

Para que a glória de Deus seja exaltada em todo o mundo, ele nos deu o espírito de sabedoria, por intermédio de Jesus Cristo, para entendermos um pouco mais de assuntos espirituais e compreendermos os seus mistérios.

Quem é o Pai? O Pai é aquele que sempre existiu, ele é o Deus Todo-Poderoso, a mente que sabe de tudo que existe e o que vai existir. Ele é amor e, por causa do seu amor, ele criou o seu filho e todas as coisas, para que pudesse compartilhar esse infinito amor.

Quem é o filho? O filho foi criado pelo Pai do coração do Pai; assim como Eva foi criada da costela de Adão, Cristo foi criado do coração do Pai (Marcos 12:35-37/Mateus 22:41-46). E o Pai o criou para que pudesse compartilhar seu infinito amor. E ninguém além de seu filho trabalha mais do que o Pai (João 1:1-3). E o Pai e o filho compartilham do mesmo amor, e o filho se fez carne e habitou entre nós, para compartilhar o mesmo amor que o Pai compartilhou com ele.

"O filho foi criado pelo Pai do coração do Pai (é por isso que ele foi criado e ao mesmo tempo sempre existiu)."

Quem é, ou o que é o Espírito Santo? É o poder de Deus, de criar (Gênesis 1:2), de ressuscitar, de curar, de falar em línguas, de profetizar (Mateus 10:1). Também podemos entendê-lo como tudo que existe, mas que não foi criado por Deus, e sim algo que já é de sua natureza e foi compartilhado conosco, como o amor, a alegria, a bondade, a verdade; todos os sentimentos bons foram compartilhados diretamente de Deus conosco, pois são coisas que existem e que não foram criadas por Ele. Esses sentimentos bons são o Espírito Santo de Deus ou sua essência (humanamente falando).

O Espírito Santo não está preso a uma forma física, pois ele se apresenta da forma que Deus deseja, como no batismo de Jesus, em que o Espírito Santo se manifestou como uma pomba (Mateus 3:16). De modo que, se Deus quiser que ele se apresente como uma pessoa, assim acontecerá, e, se quiser que se apresente como qualquer outra coisa, ele obedecerá.

Amados irmãos, Deus, com sua infinita sabedoria, permitiu que o seu Poder também pudesse se manifestar através de sua palavra, ou seja, o Espírito Santo também se manifesta através da palavra de Deus, que está na Bíblia. Portanto, o conhecimento espiritual adquirido através da palavra de Deus é o Espírito Santo manifestado de uma outra forma (1 João 3:23,24). Então saibamos que o Espírito Santo também se manifesta como o conhecimento espiritual, logo, quando encontrarmos alguma passagem na Bíblia que estiver falando sobre Espírito Santo ou Espírito, temos que interpretar considerando as formas nas quais ele se manifesta. Poder literalmente falando, ou conhecimento espiritual, e achar a interpretação que teve mais sentido; e orar para Deus pedindo entendimento da sua palavra, para que ele nos diga se o que aprendemos está do jeito que ele quer que saibamos ou se está equivocado. Por exemplo:

"E o pó volte à terra, como o era, e o espírito volte a Deus, que o deu" (Eclesiastes 12:7).

Nessa passagem, o profeta fala da morte, pois o corpo se decompõe e volta à terra, e já sabemos que a alma vai para um lugar de espera, esperar pelo julgamento e ressurreição, e o Espírito que se encaixa melhor como sendo o conhecimento espiritual volta para Deus, pois é Deus que nos concede todo conhecimento espiritual. Entretanto, também na Bíblia pode aparecer a palavra "espírito" para se referir a um ser espiritual, por exemplo, em Marcos 5:7,8, Jesus usa a palavra "espírito" dessa forma:

"E, clamando com grande voz, disse: Que tenho eu contigo, Jesus, Filho do Deus Altíssimo? Conjuro-te por Deus que não me atormentes. (Porque lhe dizia: Sai deste homem, espírito imundo.)"

O que responder quando perguntarem qual sua religião?

Irmãos amados, sabemos que o corpo de Cristo está separado em denominações. E por isso, quando os irmãos se encontram, perguntam um ao outro a qual denominação pertencem. E, pelo fato de as religiões apresentarem particularidades próprias, eles acabam se separando ou discutindo diferenças entres suas denominações, sobre qual está certa ou qual está errada, mas esse tipo de união não edifica e causa brigas, desentendimentos e desunião entre os irmãos. Portanto, quando alguém perguntar qual sua denominação, responda: Cristã. Logo a outra pessoa vai lhe perguntar: "Mas de que igreja você é?." Replique perguntando: "A sua é cristã?". Ela dirá que sim, então responda: "A minha também, então somos da mesma denominação." De modo que as duas pessoas entrarão em acordo e passarão a se ver como sendo da mesma denominação, e isso vai gerar conhecimento, união e amor.

Qual a religião verdadeira?

Irmãos, todas as religiões que ensinam o amor do Pai (ensinamentos), por intermédio de Jesus Cristo (a prática), são verdadeiras. Mas nenhuma é a religião perfeita, pois são para nós, pecadores, e todas estão cheias de pecadores como nós. Para que a religião seja perfeita, ela teria de ser para não pecadores, assim seria 100% pura. Contudo, a essência de todas é perfeita, porque é o amor de Deus. Assim como, nas cartas às sete igrejas, Jesus declara que todas têm um lado bom, e também que todas têm um lado desagradável aos seus olhos. Mas aquele que perseverar e vencer, não importa a igreja ou denominação, será salvo e receberá uma bênção (Apocalipse cap. 2 e 3).

Deus não se agrada com um filho que se congrega para se mostrar aos homens e bate no peito dizendo "eu sou evangélico", "eu sou católico", "eu sou assembleiano", "eu sou batista", "eu sou adventista" ou "eu sou testemunha de Jeová" etc. Mas Deus ama aquele que, quando se congrega, está em secreto com o Pai, dizendo: "Pai, me perdoe, pois sou o pior filho de todos, porque eu sei que me amas e mesmo assim te magoei; sei que não sou merecedor de te pedir nada a meu favor, e não preciso pedir, pois a tua presença me basta".

O que Satanás não consegue apagar?

Corpo de Cristo, nos perguntemos por que não se tem uma prova física exata de Jesus Cristo? Ele nos dá a resposta por meio de um acontecimento de sua vida, descrito em Marcos 5:1-20, em que os espíritos maus agem com malícia contra Jesus, e Jesus, reconhecendo o coração deles, permite que aconteça como eles querem, para dar um conhecimento a nós, hoje, que estamos a muitos anos depois de Cristo. Portanto, os espíritos maus fazem com que Jesus seja expulso da cidade, ou seja, Cristo não andou pela cidade, e muito menos pregou; a sua existência física naquela cidade praticamente nunca existiu. Assim como Satanás apagou a existência física de Jesus naquela cidade, ele procurou apagar a existência física de Jesus Cristo do planeta, e é por isso que hoje não temos uma prova física de Cristo. Contudo, Cristo, já sabendo das intenções de Satanás, fez com que aquela cidade recebesse a única coisa que Satanás não pode apagar, que é o testemunho de Jesus. E é por isso que conhecemos Cristo mesmo depois de milênios, porque o seu testemunho, que é a palavra de Deus, permanece para todo o sempre (1 Pedro 1:25).

ENTENDA O QUANTO É GRANDE O AMOR DE CRISTO

Glória, honra e amor ao nosso Deus, por nos amar infinitamente. Seu filho amado, Jesus Cristo, se fez carne, habitou entre nós e nos disse:

"Eu, porém, vos digo: Amai a vossos inimigos, bendizei os que vos maldizem, fazei bem aos que vos odeiam, e orai pelos que vos maltratam e vos perseguem; para que sejais filhos do vosso Pai que está nos céus" (Mateus 5:44).

Cristo nos ensinou não só com palavras, mas com atitudes. Lucas 23:33,34 diz:

"E, quando chegaram ao lugar chamado a Caveira, ali o crucificaram, e aos malfeitores, um à direita e outro à esquerda. E dizia Jesus: Pai, perdoa-lhes, porque não sabem o que fazem. E, repartindo as suas vestes, lançaram sortes."

Jesus mostrou que tinha amor pelos seus inimigos, pois, se roga ao Pai para que perdoe aqueles que o matarão, é porque com certeza existe amor. De modo que, se Jesus Cristo tem amor por quem o odeia, imagine quão grande é o seu amor por aqueles que o amam. Portanto, tenha amor por quem o odeia ou por quem lhe faz mal, pois, dessa forma, imagine quão grande será o seu amor por aqueles que o amam.

14ª CARTA À NOVA GERAÇÃO CRISTÃ

O PRINCÍPIO ANTES DA CRIAÇÃO DE DEUS

Amados irmãos, entre muitas pessoas há discussões a respeito da criação, de onde viemos, por que existimos e por que Deus não destrói logo a maldade existente. Deus nos deu seu espírito de sabedoria para que possamos entender um décimo da sua criação, pois este nosso corpo é limitado para entender a infinita sabedoria, mas, quando ressuscitarmos em corpos de glória (Filipenses 3:21), nós aprenderemos muito mais a respeito da criação de Deus.

Na eternidade, antes da existência do tempo a qual nós conhecemos, Deus estava sozinho (Apocalipse 4:11), e ele era e é infinitamente puro amor (1 João 4:8), mas queria dividir esse amor, de tão bom que era, então criou seu filho Jesus Cristo (Apocalipse 3:14), e dividiu esse amor infinitamente com seu filho. O filho era e é a cópia do Pai, tanto em corpo como em alma, espírito e amor. Mas Deus queria compartilhar ainda mais esse amor. Então pensou em criar almas viventes (Gênesis 1:26) que compartilhassem desse amor, por pura e espontânea vontade, sem obrigação, sem temor ao ver face a face o Todo-Poderoso, sem qualquer tipo de imposição, mas que tivessem a escolha de não o amar, ou de o amar por simplesmente contemplar a natureza, os animais, o alimento, a visão, a vida, entre outras infinitas coisas, e pela sua maior obra, a qual ele não criou para nós, mas que compartilhou conosco, que é a capacidade de amar e ser amado. Então Deus e seu filho planejaram como eles iriam alcançar esse objetivo e traçaram inúmeras linhas do tempo, observando cada acontecimento e em que momentos eles precisariam interagir em cada linha, desde criação dos anjos, formação do átomo, surgimento do universo, início do planeta Terra, capacidade do planeta em ser habitável, criação de animais, evolução do homem e dos animais segundo a sua espécie, evolução do homem no andar, no falar, no pensar etc. E Deus analisou cada acontecimento que teria que haver para que a criação dele chegasse onde ele queria, por exemplo: em uma linha do tempo, o planeta Terra não teria água transparente, mas azul, verde ou branca etc. Em outra linha do tempo, um anjo se rebelaria contra Deus apenas nos nossos dias, ou nos tempos de Jó, ou de Caim, ou nenhum anjo se rebelaria etc. Em outra linha do tempo, os anjos seriam criados depois dos humanos, ou nem seriam criados etc. Em outra linha do tempo, o dilúvio aconteceria nos nossos tempos, ou no tempo de Moisés, ou na Segunda Guerra Mundial etc. Em outra linha do tempo, Jesus viria no tempo de Moisés, ou hoje, ou no descobrimento do Brasil etc. Podemos perceber essa criação planejada no livro de Gênesis 1:3,4:

"E disse Deus: Haja luz; e houve luz. E viu Deus que era boa a luz; e fez Deus separação entre a luz e as trevas."

Podemos ver que Deus criou a luz e depois viu que ela era boa, não criou sem saber de que forma a luz poderia ser boa para o homem. Portanto, Deus viu, em cada linha do tempo, como a luz teria que ser para que fosse boa, por exemplo: em uma linha do tempo, a luz era de cor azul; em outra, a luz se propagava apenas como partícula; e em outra, somente em onda, mas Deus escolheu a luz que conhecemos hoje, por tê-la considerado a única capaz de ser boa para o homem.

Gênesis 1:6-10 diz:

"E disse Deus: Haja uma expansão no meio das águas, e haja separação entre águas e águas. E fez Deus a expansão, e fez separação entre as águas que estavam debaixo da expansão e as águas que estavam sobre a expansão; e assim foi. E chamou Deus à expansão Céus, e foi a tarde e a manhã, o dia segundo. E disse Deus: Ajuntem-se as águas debaixo dos céus num lugar; e apareça a porção seca; e assim foi. E chamou Deus à porção seca Terra; e ao ajuntamento das águas chamou Mares; e viu Deus que era bom."

Podemos perceber também que Deus criou primeiro para depois ver que era bom, ou seja, Deus analisou em cada linha do tempo a melhor forma de ser da água, da terra, da separação entre terra e céu, por exemplo: em uma determinada linha do tempo, a água não seria formada de H_2O, mas sim de uma outra substância; a terra não seria do material que conhecemos hoje, mas de outro; e a separação do céu e da terra seria menor ou maior. Porém Deus, o Todo-Poderoso, escolheu a água, a terra, a separação do céu e da terra do jeito que conhecemos hoje, pelo fato de ele ter visto o que era a única realmente boa para o ser humano. O restante da criação (Gênesis 1:11-31) foi criado da mesma maneira já mencionada. De modo que, analisando cada uma dessas linhas, Deus pôde ver qual delas seria a que faria sua criação alcançar seu objetivo, e a única linha que possibilitava isso era e é a nossa. E, mesmo analisando cada uma, ainda precisaria que seu filho viesse nos ensinar, e morrer por nos ensinar. Então ele analisou em que momento da linha do tempo seu filho teria que vir para desencadear uma sucessão de eventos, os quais nós conhecemos hoje. Pois, em outra linha do tempo, a mudança de um segundo não teria a mesma sucessão de eventos como houve na que vivemos hoje. A linha do tempo em que vivemos é a única perfeita, que nos levará a amar a Deus de coração e verdade. Alguém pode se perguntar: se Deus escolheu uma linha do tempo, ele não estaria interferindo no livre-arbítrio ou predestinando as pessoas por causa de sua escolha? A resposta é: não. Deus viu as inúmeras trajetórias e variáveis para a vida de cada pessoa, em que foi a própria pessoa que traçou sua trajetória e em que ela mesma realizou cada ação e escolha. É como se passassem várias versões de um mesmo filme na "mente de Deus", onde os atores são livres para fazerem suas ações, e Deus tivesse que escolher o melhor filme de todos para fazer virar realidade. (Atenção: lembre-se de que nós, seres humanos, não temos capacidade de entender o criador; essa é uma didática para que possamos vislumbrar o seu plano da criação de uma forma macro.) E Deus, com sua infinita misericórdia e amor, escolheu a única trajetória em que você, com suas próprias escolhas, conseguiria chegar à salvação. E, se em nenhuma você não conseguisse a salvação, ele escolheu a que tivesse menos pecados possíveis, para que, no acerto de contas do julgamento final, você pagasse o mínimo necessário, pois não foi uma escolha qualquer, e sim uma escolha com amor (Efésios 1:4,5).

Meus amados, sabemos que Deus é o Todo-Poderoso, criador dos anjos, do universo e de tudo que existe. Portanto ele sabe o que nós vamos fazer daqui a um segundo ou uma hora, ou dias, ou meses, ou anos etc. Não que ele tenha predestinado, porque nos deu o livre-arbítrio antes de o plano virar realidade, mas porque ele já viu a linha do tempo em que vivemos e sabe de tudo o que vai acontecer, pois ele é o único que pode andar na linha do tempo, tanto para o passado como para o futuro. Deus nos prova isso por meio de suas profecias, como a profecia de José, que interpretou o sonho do faraó (Gênesis 41:25-31): não é que Deus fez acontecer, mas ele sabia que no futuro aquilo iria acontecer. Como também a profecia de que Ciro invadiria Babilônia e faria o rio que cortava a cidade secar (Isaías 44:26-28): não é que Deus iria fazer secar o rio, mas ele já sabia que o rio secaria. Também a profecia do carneiro e um bode, revelada para Daniel (Daniel 8:1-27), a qual se refere aos reinados e territórios que iriam surgir: Deus revelou isso a Daniel não porque iria fazer acontecer, mas porque ele já sabia que iria ocorrer de fato. Também Jesus Cristo nos revelou outras profecias, algumas ainda não se cumpriram e outras já, como quando Jesus disse que Pedro o negaria e que o galo cantaria quando isso acontecesse (João 13:37,38), e ele falou isso não porque iria fazer acontecer, mas porque já sabia que isso iria acontecer. Quando Cristo anunciou que um de seus discípulos iria lhe trair (João 13:21), Jesus falou isso não porque iria fazer acontecer, mas porque ele já sabia que isso aconteceria. Jesus falou a respeito dos sinais que antecederiam a sua vinda (Mateus 24:2-31): não é que ele iria fazer acontecer esses sinais, mas que ele já sabia que iriam acontecer. Deus já sabia de todas essas coisas, pelo fato de ele saber de tudo que aconteceu, acontece e vai acontecer em nossa linha do tempo, e ele revelou-as a Cristo, para que ele nos revelasse. Existem muitas outras profecias na Bíblia, as que já aconteceram e as que vão acontecer. Contudo, Deus informava esses acontecimentos sobre o futuro por meio de enigmas, pelo fato de que, se tal acontecimento fosse mostrado de maneira clara e direta, poderia interferir em seus planos futuros. Mas Deus, o Todo-Poderoso, revelou as profecias que já aconteceram para nós, que temos um melhor entendimento do passado, vermos que as coisas que Deus revelou se cumpriram, nos dando a certeza de que outras profecias também irão se cumprir, e as pessoas que estiverem mais à frente do nosso tempo irão olhar para o nosso tempo e verão que as profecias que se cumpriram em nosso tempo servem de certeza para o que nos espera no futuro.

Há pessoas que questionam o motivo de Deus não destruir logo a humanidade. Com a grande maldade que existe, por que Deus não destrói logo tudo? A resposta é simples: é porque Deus escolheu e fez a única linha do tempo capaz de realizar seu sonho; ele já sabe o futuro, e, se não destrói tudo agora, é porque o que nos espera no futuro é infinitamente maravilhoso, pois ele já sabe que o amor vai ser infinitamente maior que a maldade hoje existente, pois a maldade não existirá (Apocalipse 21:4).

UM RESUMO DO PLANO DE DEUS

Começaremos nos perguntando: por que Deus criou os anjos? Por que ele não criou só os humanos?

Dentre todas as variáveis que Deus viu antes da criação, para que ele conseguisse alcançar seu objetivo, era necessária a existência de seres angelicais e seres humanos. Podemos afirmar isso fazendo a seguinte observação: se hoje existe o mal, é porque a existência desse mal é necessária nos planos de Deus. Ele criou os anjos, lindos, de corpos perfeitos, com o privilégio de estar mais próximos dele (fazendo a comparação com os seres humanos). Mas o Pai viu que esses seres careciam de muitas coisas que Deus não poderia simplesmente colocar no coração deles, mas sim fazê-los aprender através da própria vida, como o aço forjado que passa por um processo de calor, pressão, frio e resistência para se tornar uma espada perfeita.

Para isso era preciso criar os seres humanos. Somente eles poderiam ensinar aos anjos o que o Pai queria que eles aprendessem e conhecessem. Para os anjos, pelo fato de terem uma vida mais próxima do criador em comparação com os humanos, o ato de virar as costas para o criador é algo imperdoável, portanto os anjos não conhecem o sentimento do perdão. O Pai está forjando os seres humanos, através do seu amor, do amor que o filho veio nos revelar. E dia após dia, ano após ano, século após século, o amor de Deus vem mudando o ser humano para que ele tenha um coração perfeito.

Pergunte-se: por que Deus quer tanto mudar meu coração? O que ele quer? Que eu seja uma nova criatura só para desfrutar da vida e de sua presença? A resposta é muito mais profunda. O Pai quer que conheçamos profundamente o sentimento do perdão, conheçamos um sentimento que é maior do que o amor. O amor foi gerado a partir de um sentimento muito maior e mais forte, para que a humanidade pudesse compreender de forma muito iniciática algo que é muito mais profundo. Ele quer que aprendamos e conheçamos esse sentimento, através de todos os seus ensinamentos que conhecemos atualmente e também dos ensinamentos que ainda vamos conhecer no reinado de mil anos (Apocalipse 20:2-6). Após os mil anos, estaremos em nosso auge até aquele momento. Depois desse período estaremos prontos para entender o verdadeiro objetivo de Deus para a humanidade. Que é o perdão para aqueles que se entregaram ao pecado, que deram as costas para o criador.

Os seres humanos, iluminados pelo sentimento maior que o amor, pedirão ao Pai que coloque no paraíso as pessoas que se entregaram ao pecado, para que aprendam sobre o amor do criador, de forma pura e amável. O sentimento maior de que o amor extinguirá o sentimento de injustiça de seus corações. O Pai extremamente feliz com sua criação atenderá ao pedido, limpará o pecado do coração de todas as pessoas e as colocará no Paraíso. Esse tipo de atitude, que antes para o ser humano era impossível ou até mesmo impensável, é o que arderá em seus corações. Nesse momento a grande plateia celestial estará assistindo de olhos arregalados e de boca aberta, dizendo uns para os outros: "como é possível que nós, seres angelicais, não conseguimos perdoar aqueles que foram expulsos do céu, mas seres que nasceram em sofrimento, desespero, fome, morte, lágrimas, que não veem Deus como nós o vemos etc., vençam tudo que passaram e perdoem aqueles que fizeram mal a eles e ao criador?"

O grande propósito de Deus é juntar toda a sua criação, mas para isso existe um processo. No entanto, no final os seres humanos perdoarão as pessoas que se entregaram ao pecado e todas irão para o Paraíso. Os anjos aprenderão com os humanos o sentimento do perdão verdadeiro e conseguirão perdoar aqueles que se rebelaram contra Deus, e pedirão para que os tire do lago de fogo (Mateus 25:4) e os coloque novamente no céu. Esse é o plano do nosso criador, revelado por seu filho a mim, de forma infinitamente resumida: juntar toda a sua criação para viverem em paz, renovando o mundo e as criaturas para compartilhar ainda mais o amor do criador por tudo o que existe.

Infinita é a tua sabedoria, Pai amado, só o Senhor é merecedor de toda honra, glória e amor. Obrigado pela vida que nos deu, a qual o Senhor julgou ser boa. Obrigado por nos conceder seu espírito de sabedoria, para que pudéssemos entender um pouco dos teus propósitos. Percebemos o quão infinitamente grande é o teu amor. Perdoe-nos por sermos os piores pecadores, pois conhecemos o teu amor e mesmo assim muitas vezes te magoamos. Obrigado por nos dar o caminho, a verdade e a vida. Obrigado, Jesus Cristo, por ter nos amado. Obrigado, Pai, e em nome do teu filho amado, Jesus Cristo, amém.

15ª CARTA À NOVA GERAÇÃO CRISTÃ

O PARAÍSO É LITERAL OU SIMBÓLICO?

Amados irmãos, há muitas discursões a respeito de o Paraíso ser simbólico ou literal. Mas agora temos mais entendimento da sua criação, pois, assim como a luz se comporta de duas maneiras, como onda e partícula simultaneamente, o mesmo acontece com o Paraíso, porque Deus, com a sua infinita inteligência, e sabendo que hoje apareceria o desentendimento a respeito de o Paraíso ser simbólico ou literal, fez com que a mesma mensagem fosse passada por meio das duas interpretações, com o Paraíso sendo simbólico ou literal. Então podemos dizer que o Paraíso é literal e simbólico ao mesmo tempo.

Queridos irmãos, saibamos que, quando Deus criou o homem, ele teve que primeiro criar um ambiente para esse homem viver (Gênesis 1:1-25) e, com sua infinita sabedoria, também deu ao homem e aos animais, segundo a sua espécie, a capacidade de se adaptar em cada ambiente (Gênesis 1:24-26). Pois Deus criou o universo e a Terra, de modo que tudo está se movimentando para que o próprio universo que Deus criou nos dê o dia e a noite, noites com lua e sem lua, dias de calor e dias de chuva, de frio etc. E, quando as duas primeiras espécies do ser humano surgiram, elas tiveram que ir se adaptando ao ambiente em que viviam, foram se reproduzindo, e durante muitos anos foram evoluindo suas capacidades físicas e intelectuais, até poder andar como andamos, falar, pensar etc. Até hoje a criação de Deus está se aperfeiçoando, mas agora mais espiritual do que fisicamente.

Portanto, quando o ser humano chegou em um nível que Deus julgou ser perfeito para começar a sua obra, ele escolheu um casal e os colocou em um lindo lugar chamado Paraíso (Gênesis 2:8,22). Então esses dois seres humanos passaram a ser as primeiras criações perfeitas de Deus para a sua maravilhosa obra. E Deus impôs regras no lugar onde viviam, mostrou as árvores em que podiam pegar os frutos para comer, e a árvore em que não podiam pegar os frutos (Gênesis 2:16,17). Então, a partir daí, Deus os ensinou o significado da obediência e da desobediência e suas consequências, e passaram a conhecer as consequências por seguir ensinamentos que não eram de Deus, mas sim de Satanás (Gênesis 3:1-6). E Deus simbolicamente nos ensinou que Eva foi feita da costela de Adão (Gênesis 2:21,22), e isso não deixa de ser verdade, mas o que realmente ele queria ensinar era que o ser humano só evolui de outro ser humano, e não de um macaco, como afirmam alguns. Também há discursões a respeito de Adão e Eva serem ou não os primeiros seres humanos a serem criados por Deus. Alguns dizem que não eram os primeiros humanos, e de certo modo estão certos, pois Deus criou o ser humano de uma forma em que ele pudesse ir se adaptando ao seu ambiente ao longo dos séculos. Também há alguns que afirmam que Adão e Eva foram os primeiros humanos a serem criados por Deus, e de certo modo também estão certos, pois eles foram o primeiro homem e a primeira mulher a receberem ensinamentos e conhecimento sobre Deus, e se tornaram os primeiros a dar início a sua grande obra, que é transmitir a sua palavra para todo o planeta.

Quando Adão e Eva saíram do Paraíso pela desobediência a Deus, eles tinham um conhecimento sobre o criador, e isso serviu de base para que seus filhos crescessem e aprendessem sobre esse criador (Gênesis 4: 3,4), e assim o nome de Deus e seus ensinamentos foram passando de pais para filhos, de irmãos para irmãos, de geração em geração. Dessa forma, portanto, o Paraíso se torna literal e simbólico ao mesmo tempo.

Toda glória, honra e amor são de Deus, o Todo-Poderoso, criador de tudo que existe. Te agradecemos por compartilhar o teu amor conosco e, mesmo o Senhor sabendo que somos imperfeitos, por ter-nos amado primeiro. Obrigado, Pai, por enviar teu filho para nos ensinar sobre o teu amor; obrigado, Jesus, por vir de coração e ter tido paciência conosco, pois temos um coração tão endurecido, mas o Senhor, mesmo sabendo disso, veio e nos deu a graça de sermos chamados filhos de Deus. Obrigado, Senhor, em nome de teu filho amado Jesus Cristo, amém.

16ª CARTA À NOVA GERAÇÃO CRISTÃ

POR QUE SOFREMOS?

Amados irmãos, já sabemos que Deus é o Todo--Poderoso, criador de tudo que existe, e Deus do impossível (Marcos 10:27). Portanto, ele conhece toda a linha do tempo de sua criação, do início ao que ele almeja, e sabe de todos os nossos passos e tudo que vamos fazer, pensar, falar daqui a alguns minutos, horas, dias, anos (Apocalipse 1:8). Então você se pergunta: se ele já viu e conhece o futuro, por que permite o sofrimento?

Quando Deus viu o que era necessário para que ele alcançasse seu sonho, de compartilhar seu amor com almas viventes, que pudessem retribuir esse amor por simplesmente amá-lo de coração, sem nenhuma obrigação, o Todo-Poderoso analisou várias linhas do tempo, a fim de que pudesse encontrar a única que levasse sua criação ao seu sonho, então ele escolheu a nossa, que conhecemos atualmente (Salmos 139:16). E, para escolher a nossa, ele viu primeiro a linha do tempo de cada ser humano, e nessa linha escolheu, não de qualquer forma, mas em amor, a melhor sucessão de eventos que levassem esse indivíduo ao seu sonho (Efésios 1:3-12). Portanto, se atualmente uma pessoa passa por uma dificuldade, como ter um filho portador de alguma doença genética, ou não, foi porque Deus viu todas as ações e escolhas dessa pessoa em diferentes linhas do tempo, e selecionou a única linha possível para que essa pessoa, por meio de suas escolhas, alcançasse a salvação; a única que permitia a ela alcançar a salvação era aquela em que ela teria um filho portador de alguma doença, e, da mesma forma, Deus viu todas as linhas do tempo do seu filho, e a única em que ele alcançaria a salvação seria aquela em que ele tivesse uma doença, pois para Deus o importante é a salvação (Mateus 18:8,9). Entretanto, há pessoas que não vão se salvar, justamente porque, de todas as linhas do tempo que Deus analisou para essas pessoas, em nenhuma elas conseguiriam alcançar a salvação. Mas ele é um Deus de misericórdia (Efésios 2:4), ele escolheu a menos pior, com a promessa de que, mesmo essas pessoas desprezando a sua palavra, negando o seu filho, blasfemando o seu nome, fazendo mal ao próximo etc., ele não destruiria a pessoa, mas o estado em que a pessoa se encontra (Salmos 37:10), e ele as julgaria por cada ato bom ou mau que elas cometeram (João 5:28,29), a fim de tentar salvar o máximo de pessoas. E as que não fossem salvas teriam uma linha do tempo em que cometessem o mínimo de coisas ruins possível, para que pudessem pagar o mínimo possível.

Queridos irmãos, sabemos que, quando Jesus Cristo veio na forma humana ao nosso mundo, ele sofreu bastante antes de morrer. Então você se pergunta: por que Deus, vendo o seu filho sofrer, não fez nada para impedir? Onde está o amor do Pai pelo filho? A resposta é simples: quando Deus analisou todas as linhas do tempo, ele viu que a única que faria com que seu sonho se realizasse era justamente aquela em que seu filho viria e morreria por nós, como já sabemos. Portanto, quando Jesus veio, ele já sabia que era necessário passar por tudo que ele passou, para que no futuro desencadeasse uma sucessão de eventos que levassem ao sonho do Pai. E o amor do Pai pelo seu filho está em ensinar o filho a maneira com que o Pai ama. E o verbo que era somente a ação de Deus agora estava com Deus aprendendo sobre seu infinito amor (João 1:1). E o verbo se fez carne, e agora ele era Deus. Cristo aprendeu a forma com que o Pai ama (João 8:26-28) e ele nos declara que não faz nada que não tenha visto o Pai fazer primeiro, ou seja, Jesus aprendeu a forma com que o Pai ama, quando viu o Pai Todo-Poderoso servir seu filho amado à humanidade. E, para a glória de Deus, Jesus Cristo nos ensinou a forma com que o Pai nos ama, quando, em uma certa ocasião, ele serviu aos discípulos lavando os pés de cada um, mesmo sendo ele o Cristo filho de Deus (João 13:12-15).

 Contudo ele nos ensinou que, para que nós amassemos o Pai, este teve que nos amar primeiro; para que nós servíssemos o Pai, este teve que nos servir primeiro; e, para que fizéssemos parte com Cristo do amor do Pai, Cristo teve que nos servir e amar primeiro. Portanto, essa é a maneira com que o Pai ama, a qual quis nos ensinar, para que, se quisermos que alguém compartilhe do seu amor que está em nós, amemos e sirvamos primeiro para que este alguém possa ter parte conosco, como temos com Cristo.

Pai amado, obrigado mais uma vez e sempre pelo teu espírito de sabedoria que tem nos dado, para que possamos aprender sobre teus mistérios e teu amor. Te pedimos perdão de coração triste, pois te magoamos sempre, e ficamos arrasados de te deixar magoado, sabendo como é infinitamente grande o teu amor por nós. Obrigado por enviar teu filho Jesus Cristo para nos ensinar sobre o teu amor. Obrigado, Cristo, por nos amar e ter paciência conosco, nos perdoe por te rejeitar e te ferir, pois é isso que fazemos quando pecamos. Obrigado por tudo, Senhor, em nome de teu filho amado, amém.

17ª CARTA À NOVA GERAÇÃO CRISTÃ

A VINDA DE CRISTO E A VIDA NO PARAÍSO

Jesus virá (Apocalipse 1:7) e, no momento de sua vinda, ele separará os maus dos bons (Mateus 25:31-46); os maus serão destruídos e irão pagar por suas obras más, e os bons ficarão vivos, serão transformados (1 Coríntios 15:51), ganharão a vida eterna, e ficarão na terra (João 5:29), para reinar com Cristo durante mil anos (Apocalipse 20:6). E antes dos mil anos os fiéis a Cristo que foram degolados pelo testemunho de Jesus, e pela palavra de Deus, e que não adoraram a besta, nem a sua imagem, e não receberam o sinal em suas testas nem em suas mãos, ressuscitarão e se somarão aos que ficaram vivos para governar com Cristo e restaurar a terra (Apocalipse 20:4). Passados os mil anos, Jesus ressuscitará os outros mortos, que são: as pessoas que não conheceram Cristo, cujo coração é bom ou mau; os mortos espirituais, que são aqueles que conheceram os ensinamentos de Deus, mas se desviaram; e os que rejeitaram o seu nome (Apocalipse 20:5/Apocalipse 20:12-13).

Depois do último julgamento, viveremos em um novo céu e em uma nova terra (já restaurada pelos primeiros a serem ressuscitados) (Apocalipse 21:1), onde as pessoas ressuscitadas terão um corpo de carne e osso, bem parecido com o que temos hoje, mas nesse corpo não existirão maus pensamentos, suicídios, adultérios, fornicação, avareza, maldades, engano, dissolução, inveja, soberba, loucura, furtos, falsos testemunhos e blasfêmias (Mateus 15:19/Marcos 7:21,22), a vontade de pecar não existirá, pois este corpo ressuscitará glorioso (1 Coríntios 15:42,43). As crianças cujos pais não atingiram a salvação ressuscitarão, viverão nos céus com o Pai Todo-Poderoso e seu filho amado Jesus Cristo (Mateus 19:14/Marcos 10:14/Lucas 18:16) e terão corpos espirituais. As pessoas ressuscitarão com a mesma idade com que morreram, mas com uma aparência muito saudável e mais jovem, pois o tempo de vida será muito extenso (João 10:10) como eram os dos primeiros homens (Gênesis 5:5,8,11,14 etc.), e viverão até se tornarem o fruto da árvore da vida (Apocalipse 22:2).

Que a honra e toda glória e amor sejam de Deus, que plantou uma semente em Cristo, e ele veio à terra e se fez raiz (Apocalipse 22:16); e a semente virou raiz, e deu origem a uma grande árvore com um enorme caule, muitos ramos e folhas; e essa árvore passou a dar frutos. Essa árvore está na Santa Cidade, a nova Jerusalém (Apocalipse 22:2); e quem colherá esses frutos? (João 15:1,2). A semente é a palavra de Deus, e Cristo é a raiz (Apocalipse 22:16); o caule é o poder de Deus (simbolizando o crescimento), fazendo com que a sua palavra cresça em nossos corações, e que cresça até chegar aos ramos e às folhas, que somos nós

(João 15:5), que receberemos a palavra e o amor de Deus em espírito e verdade. Sua palavra e seu amor virão de Deus e fluirão como um rio vindo do trono de Deus (Apocalipse 22:1), e a usaremos para ensinar o amor de Deus (assim como Cristo fez conosco), para as pessoas que são enfermas na fé (Apocalipse 22:2), que são aquelas que foram ressuscitadas e nunca conheceram a Deus e as que têm pouco conhecimento do amor dele, e as ensinaremos desde os seus nascimentos, para que seus corações se encham de amor para que o Pai e o filho façam morada, a fim de que possam se tornar folhas para curarem outras pessoas enfermas (Apocalipse 22:14), e as folhas se tornarão frutos e o Pai as colherá (João 15:2). E essa árvore está ligada à Santa Cidade (Apocalipse 22:2), de forma que, quando a árvore der frutos, Deus colherá, ou seja, as pessoas chegarão a ter um coração tão maravilhoso quanto o de Cristo, e, quando chegarem a esse nível, Deus as colherá (João 15:2) e transportará, como Jesus foi transportado (Atos 1:9), para viverem na nova Jerusalém, e lá viverão com corpos espirituais, não envelhecerão e viverão para sempre louvando o Senhor e conhecendo mais seu infinito amor. Isso será o objetivo da vida de todos os habitantes da Terra, assim Cristo está cumprindo sua promessa (Apocalipse 21:2-7/João 17:20-24), e, para alcançar essa graça, quem quiser ser o maior seja o menor, quem quiser ser servido então sirva (Mateus 20:26,27), e todos na Terra viverão em amor, amando o próximo, fazendo para os outros o que gostaríamos que fizessem para nós mesmos (Mateus 7:12), e se alegrarão mais em dar do que receber (Atos 20:35). Esse será o objetivo da vida de todos na Terra, guardar e botar em prática os mandamentos de Deus, para nos tornar o fruto da árvore da vida, e para que possamos, assim, entrar pelas portas da nova Jerusalém (Apocalipse 22:14).

Que o Pai Todo-Poderoso seja glorificado para todo o sempre. Agradecemos e pedimos perdão por nossos pecados, é só o que podemos te pedir. Não somos merecedores de pedir coisa alguma para a nossa glória, porque toda glória é tua. Obrigado por enviar teu filho para nos ensinar sobre teu amor, mesmo sabendo que não merecemos. Obrigado, Jesus Cristo, por ter vindo de coração, ter nos ensinado com o coração e ter tido paciência conosco. Obrigado, Pai amado, e em nome do teu filho Jesus Cristo, amém.

18ª CARTA À NOVA GERAÇÃO CRISTÃ

COMO SERÁ O INFERNO E A SUA PUNIÇÃO

Amados irmãos, pela glória do Pai e do seu infinito amor, venho até vós, por meio de Jesus Cristo, para falar de um assunto o qual nossos corações não suportam, por serem corações maus, e por isso não conseguimos entender. Temos o mau hábito de aprender sobre Deus por apenas ouvir algum irmão pregando, ou por mensagens na internet, e também até por uma questão de costume religioso, entre outras formas. Mas esquecemos que temos um mestre, e ele se chama Jesus Cristo. E quem seria melhor para nos ensinar sobre Deus além do seu próprio filho? Portanto, amados, quando ouvires a respeito de algum assunto sobre o Pai, ore para ele, por meio de Jesus Cristo, e peça o verdadeiro conhecimento a respeito daquilo que você ouviu ou leu, para que ele te revele a forma como ele realmente quer que saibamos sobre tal assunto. Contudo, para que ele se manifeste a nós, precisamos estar em jejum, não o literal, mas sim o espiritual, que é não alimentar o corpo com pecados e permanecer o máximo de tempo possível sem pecados, sem sentimentos ruins, sem desejos pecaminosos etc.

Portanto, quando me falaram sobre como será o *inferno de fogo* e a *punição* nele, aprendi que as pessoas más iriam para o inferno de fogo, lá pagariam por cada obra má que fizeram, seriam torturadas, atormentadas e destruídas e deixariam de existir para sempre. Mas, depois de algum tempo, percebi que esse ensinamento que eu tinha foi adquirido ao ouvir outras pessoas falarem a respeito disso, de ver fotos e ilustrações, e também por me basear nos ensinamentos das religiões sobre esse assunto, e notei que tudo era adquirido através de pessoas e que nenhum conhecimento que eu tinha veio de Deus, por intermédio de Jesus Cristo. Orei a Deus e pedi, por intermédio de seu filho amado, que me revelasse o conhecimento a respeito de como será o inferno e a punição nele. Então Cristo me ouviu e intercedeu por mim, e Deus me revelou, por intermédio de seu filho, esse conhecimento.

No julgamento final, os bons ressuscitarão para a vida eterna, e o maus também ressuscitarão, mas para a condenação. Que ressurreição da condenação é essa? Jesus responde em João 3:18,19:

"Quem crê nele não é condenado; mas quem não crê já está condenado, porquanto não crê no nome do unigênito Filho de Deus. E a condenação é esta: Que a luz veio ao mundo, e os homens amaram mais as trevas do que a luz, porque as suas obras eram más."

Jesus revela que a condenação será o arrependimento por terem amado mais as trevas e não terem acreditado no filho de Deus. Portanto, amados irmãos, a maior dor que existe é causada pelo arrependimento, por exemplo: imagine você matando sua mãe; com certeza você já deve imaginar a dor do arrependimento que esse ato iria lhe causar. Ou pensem vocês, pais, matando seus filhos; imaginem a dor que o arrependimento que esse ato iria causar. Agora, irmão, imagine a dor de se arrepender de ter ignorado o nome de Cristo, de ter odiado ele, de ter tratado mal, de ter falado coisas más dele, de ter mentido, de tê-lo traído, enganado etc. Aí você se pergunta: quando eu neguei o nome de Cristo? Quando o odiei? Quando o tratei mal? Quando falei coisas más para ele? Quando menti para ele? Quando o enganei? Então Jesus Cristo lhe responderá dizendo: "Em verdade vos digo que cada obra má que fizestes ao teu próximo, a mim o fizeste."

Imagine, irmão, quão grande dor e sofrimento seriam causados pelo arrependimento gerado por saber que você tinha tudo para estar com Jesus Cristo e por saber que cada obra má que você fez para o próximo seria como se estivesse sendo feita para ele. Com certeza ali haveria pranto e ranger de dentes.

Os que ressuscitarem para a vida eterna irão para um lugar, e os que ressuscitarem para a condenação também irão. De modo que a palavra de Deus diz que irão para o inferno de fogo, ou lago de fogo, mas o que seria o inferno e o que seria o fogo? Queridos irmão, oremos a Deus para que, por meio de Jesus

Cristo, nosso coração se abra a fim de que possamos entender que o inferno não é um lugar como vemos em filmes e desenhos, aquele lugar quente com fogo literal, mas sim uma palavra usada para designar um local de espera, por exemplo, 2 Pedro 2:4 diz:

"Porque, se Deus não perdoou aos anjos que pecaram, mas, havendo-os lançado no inferno, os entregou às cadeias da escuridão, ficando reservados para o juízo."

Apocalipse 12:9 diz:

"E foi precipitado o grande dragão, a antiga serpente, chamada o Diabo, e Satanás, que engana todo o mundo; ele foi precipitado na terra, e os seus anjos foram lançados com ele."

Podemos ver nos dois textos que Satanás foi lançado para a terra, e, em 2 Pedro 2:4, o apóstolo usa a palavra "inferno" para se referir a um lugar de espera, ou seja, Satanás foi lançado na terra sem poder voltar para o mundo espiritual de Deus, por isso Deus os entregou às cadeias da escuridão para esperar o juízo final. Portanto o inferno não é um lugar, mas sim uma palavra usada para denominar um local de espera. De modo que, quando morremos, vamos para o inferno, ou seja, vamos para um local de espera, aguardar a vinda de Cristo para sermos ressuscitados; em Apocalipse 20:13 vemos que os mortos estão em um lugar de espera aguardando o julgamento final. E, depois do julgamento final, a morte, que significa a morte espiritual, e o inferno, que significa o local de espera, serão lançados no lago de fogo, e esta será a segunda morte.

Portanto, irmãos, se há segunda morte, é porque existe a primeira. E qual será a primeira morte? A Bíblia nos diz:

"Pois, quanto a ter morrido, de uma vez morreu para o pecado; mas, quanto a viver, vive para Deus. Assim também vós vos considerai certamente mortos para o pecado, mas vivos para Deus em Cristo Jesus nosso Senhor" (Romanos 6:10,11).

Desse modo, podemos ver que a primeira morte não é a literal, mas sim a espiritual; morrer para o pecado, esta é a primeira morte. O que seria a segunda morte então? Em Apocalipse 20:14, revela-se que o inferno e a morte foram lançados no lago de fogo, e que esta é a segunda morte, ou seja, ser lançado ou estar no lago de fogo. Repare que o inferno foi lançado no lago de fogo e só a partir desse momento é que o inferno passa a ser o inferno de fogo, ao qual Jesus se refere em várias passagens, como em Mateus 10:28:

"E não temais os que matam o corpo e não podem matar a alma; temei antes aquele que pode fazer perecer no inferno a alma e o corpo."

Em Marcos 9:43:

"Eu, porém, vos digo que qualquer que, sem motivo, se encolerizar contra seu irmão, será réu de juízo; e qualquer que disser a seu irmão: Raca, será réu do sinédrio; e qualquer que lhe disser: Louco, será réu do fogo do inferno.

"E, se a tua mão te escandalizar, corta-a; melhor é para ti entrares na vida aleijado do que, tendo duas mãos, ires para o inferno, para o fogo que nunca se apaga."

Em Marcos 9:45:

"E, se o teu pé te escandalizar, corta-o; melhor é para ti entrares coxo na vida do que, tendo dois pés, seres lançado no inferno, no fogo que nunca se apaga."

E que fogo seria esse que está neste local? Com a glória de Deus, irmãos, já sabemos que a maior dor e o maior sofrimento que existem é o arrependimento, e esse arrependimento é o fogo, que consumirá todo o mal, todo o engano e todos os pecados (Salmos 68:2/Isaías 47:14). Pois Cristo ensinou que seremos julgados segundo nossas obras, de modo que pagaremos por cada obra má (Romanos 2:6-11/Apocalipse 20:12). E como pagarão os ímpios por suas obras más? Por chicotadas? Feridas? Queimaduras? Espetadas de garfo? Não dessas maneiras, mas, por cada obra má, pagarão com arrependimento, e ali haverá pranto e ranger de dentes (Mateus 13:42).

Jesus nos revela algo muito importante por meio de uma parábola em Mateus 5:25,26:

"Concilia-te depressa com o teu adversário, enquanto estás no caminho com ele, para que não aconteça que o adversário te entregue ao juiz, e o juiz te entregue ao oficial, e te encerrem na prisão. Em verdade te digo que de maneira nenhuma sairás dali enquanto não pagares o último ceitil."

Portanto os ímpios, quando pagarem por todas suas obras más, deixarão de ser ímpios e pecadores, como se nunca tivessem sido (Obadias 1:16), pois o ímpio não é a pessoa, mas é o estado em que ela se encontra, de modo que a pessoa pode deixar de ser má e passar a ser boa (Ezequiel 18:21). E Deus os destruirá? De modo nenhum (Ezequiel 18:23). Portanto, Deus é amor e nele não há trevas (1 João 4:8,16/1 João 1:5). De modo que Deus é mais amor que justiça, pois você acha justo a humanidade merecer que Deus mande seu filho para morrer por nós? Com certeza não, e, se nós não achamos justo, imagine Deus? Mas ele enviou seu filho, e por quê? A resposta é clara, porque ele é mais amor. E agora, conhecendo um pouco do seu infinito amor, tenhamos a certeza de que ele pegará aquela pessoa que não é mais ímpia, que não é mais pecadora, que não é mais má e que teve todos os seus pecados consumidos pelo fogo, e a colocará no Paraíso para viver eternamente e para que ela aprenda sobre o infinito amor de Deus através de seu filho Jesus Cristo. E as pessoas que tiverem um maior conhecimento do amor do Pai ensinarão a elas para que possam ser curadas com esse amor, porque as folhas são para a cura das nações (Apocalipse 22:2).

Em Lucas 16:19-31, Jesus, por meio de uma parábola, faz uma comparação de como será o inferno: Lázaro estava em tormento, pela dor do arrependimento, e ele então pede água para Abraão, porque ele estava em tormento no fogo do inferno, que é o arrependimento. Mas a água que ele pede é a água da vida ou o conhecimento espiritual, o qual foi retirado. Abraão diz para ele lembrar dos bens que teve em vida, ou seja, Lázaro possui memórias de ter bens, e de não ter feito nada com esses bens para que pudesse alcançar a salvação, gerando pranto e ranger de dentes.

    Jesus, por meio da parábola, menciona o abismo que existe, ou seja, a diferença entre os corações de quem foi salvo e de quem foi condenado. E percebemos que Lázaro perdeu a noção de realidade e tempo, pois, se ele estava sofrendo no inferno, é porque já houve o julgamento final. Então já não existe a realidade à qual Lázaro se referia, mas ele, por estar sendo atormentado pelo arrependimento, pede que avisem seus irmãos para seguirem a Deus, de modo que eles não fossem para o mesmo lugar onde ele estava.

    Pai Amado, Deus de infinito amor, obrigado por nos amar de uma forma que nem nós compreendemos. Perdoe-nos, por nosso coração ser um coração mau, pois, quando estamos alguns segundos caminhando sem pecados, nos consideramos mais merecedores do que outros e achamos que só nós merecemos a salvação. Mas glória ao nosso Deus e Pai de Cristo Jesus, que nos ensina o que é certo, que devemos amar uns aos outros. E amar não é querer que o outro seja destruído, e sim que venha a se arrepender e pague por seus pecados ou não, Deus é quem decide o julgamento da pessoa, não cabe a nós. Para que ele possa conhecer e sentir o amor com que Deus nos tem amado. Obrigado, Pai, em nome de seu filho Jesus Cristo, amém.

19ª CARTA À NOVA GERAÇÃO CRISTÃ

A REVELAÇÃO DOS ACONTECIMENTOS FUTUROS, ANTES DA VINDA DE CRISTO

"Este evangelho do reino será pregado em todo o mundo, em testemunho a todas as nações, e então virá o fim" (Mateus 24:14).

Glória a Deus por sua infinita sabedoria, pois toda a sua criação e todo seu propósito são perfeitos, porque o Pai sabe de todas as coisas do passado, do presente e do futuro. Portanto, antes da existência de todas as coisas, Deus já sabia que, pelo plano que ele escolheu seguir para alcançar o que ele deseja, era necessário o surgimento de inúmeras denominações cristãs. E isso é extraordinariamente sábio, porque o Pai é nosso criador, ele conhece como funciona o coração e a mente de cada pessoa. Sabendo disso ele permitiu o surgimento de muitas denominações cristãs. Justamente para congregar as pessoas em grupos, para que elas se juntem por afinidade ao modo de expressar seu amor por Deus. Pois ele sabe que cada pessoa tem o seu modo de expressar o que sente por ele, de modo que o surgimento das várias denominações cristãs é necessário. Contudo, o Pai viu também que iriam surgir problemas, pois ele não estava criando seres perfeitos, mas sim seres imperfeitos através do livre-arbítrio. Se Deus tivesse criado seres perfeitos, o modo de cada ser humano expressar o que sente pelo seu criador seria perfeitamente extraordinário, porque nos uniríamos e teríamos uma visão da forma como Deus realmente merece ser amado e adorado. Mas, como seres imperfeitos, o que era para ser perfeito nós tornamos imperfeito. Pois o ser humano começou a aceitar só a sua maneira individual, ou de um pequeno grupo, de expressar o que sente por Deus como sendo a forma correta. E como o outro expressa seu amor pelo Pai se tornou a maneira errada. As pessoas não começaram a se congregar por afinidade, mas sim porque elas acham que o seu modo é o correto.

Com isso, as palavras de Jesus Cristo em Mateus 24:14 se tornam impossíveis de serem cumpridas. Pois cada denominação cristã entende que o evangelho que deve ser pregado em todo mundo é o evangelho da sua denominação. Ou seja, mesmo que a denominação X pregue em todo o mundo, para a denominação Y o evangelho ainda não foi pregado mundialmente porque não foi o evangelho ensinado por eles, e vice-versa.

Para a glória de Deus, o evangelho de Jesus já foi pregado em todo o mundo, e isso foi feito por todas as diferentes denominações cristãs, mas certamente cada uma com seus lados positivos e negativos. Entretanto, cabe a Deus o julgamento de cada um. Não temos autoridade para tal coisa (Romanos 14:4).

Deus, Pai Amado, obrigado pelo teu amor, pois, mesmo o Senhor sabendo que somos pecadores e que caímos várias vezes, nos enviou o teu filho amado, para nos dar a mão e nos levantar. Ele é o caminho, pois nos deu o exemplo de como te amar; ele é a verdade, pois nos trouxe a tua palavra, os teus ensinamentos; ele é a vida, porque nos trouxe a tua promessa, que é a vida eterna em tua presença.

Com o evangelho de Cristo pregado e conhecido em todo o mundo, os escolhidos por Deus, bem antes da criação de todas as coisas, passarão a pregar a essência do evangelho de Jesus dentro de suas próprias denominações e serão chamados de a Nova Era Cristã. Esse evangelho será o que não julga, não separa, não privilegia, o que obedece aos mandamentos de forma literal ou espiritual. Mas que edifica, que transforma brigas em conversas edificantes, que une as pessoas, que se importa com o próximo, que não julga e que traz todos para a presença do Pai por amarem ao seu filho Jesus, quem ele nos enviou. Esse evangelho será pregado em todas as denominações cristãs por membros da própria denominação e falará que a forma com que amam a Deus não é melhor nem pior que a forma com que outras pessoas expressam seu amor pelo Pai. Não terá julgamentos e críticas sobre as maneiras de amar a Deus, seja literal ou espiritualmente. Todos entenderão que a forma como outras denominações expressam seu amor pelo Pai é aceitável por ele, porque é de coração (Romanos 14:1-23).

E a oração de Cristo, descrita em João 17:20-23, começará verdadeiramente a valer para essas pessoas que estarão unidas por amarem a Deus em espírito e verdade (João 4:23). Elas acabarão com a visão de religiosos que só separam e causam dissensões entre as pessoas, que impõem regras e doutrinas para dizer que, pelo fato de seguir essas regras e doutrinas, sua denominação é verdadeira. E as que não seguem são falsas (Atos 15:1,5).

Esses serão tempos difíceis, pois os escolhidos pelo Pai passarão a pregar o amor. Na sua mais pura essência, como Cristo fez, sem regras, doutrinas, julgamentos e preconceitos. Isso será visto como coisa estranha aos olhos dos religiosos. Eles passarão a os insultar e perseguir, mentirão e falarão mal dos escolhidos, que são pessoas que escolheram amar a Deus livres de religiosidade e julgamentos destruidores. E, por ensinarem o amor de Cristo sem religiosidade e sem preconceitos, muitas pessoas da mesma denominação passarão a amar a Deus livremente, sem regras preconceituosas que os religiosos impõem, pregando que Deus é amor, enquanto sua religiosidade mostra o contrário. Passarão a amar a Deus, pois conhecerão e sentirão o amor de Cristo sem nenhum tipo de preconceito, julgamentos ou regras religiosas.

Mas muitos religiosos, em cada denominação, não aceitarão amar a Deus de forma livre. Pois se importarão mais com a denominação, seus costumes, suas doutrinas, as quais julgam verdadeiras. E expulsarão todos os escolhidos de suas próprias denominações.

Com o crescente número de pessoas que começarão a abandonar doutrinas e ensinamentos preconceituosos, suas casas de adoração começarão a ficar vazias. E, pela preocupação com o dinheiro, esses religiosos passarão a realizar falsos milagres e prodígios para provarem para as pessoas que Jesus está ali em sua congregação. E dirão: "Vejam esses milagres, Jesus está aqui, ou ali." E serão coisas maravilhosas que enganarão muitas pessoas (Mateus 24:4,5). E os religiosos nos chamarão de falsos profetas, mas os escolhidos reconhecerão os falsos profetas por suas atitudes (Mateus 7:15,16). Muitos religiosos terão cargos de grande autoridade, em todo o mundo. Farão acordos políticos para que os escolhidos sejam presos e condenados por vários crimes inventados. Mas, na verdade, é por levarem o amor de Deus de forma pura, como Jesus nos trouxe.

Por grande perseguição aos escolhidos, muitos morrerão fiéis, mas também muitos abandonarão a fé, por medo. E os grandes religiosos que possuem cargos importantes no mundo, como na política, nas redes de supermercados, nas empresas de transportes etc., farão acordos entre si para que os escolhidos sejam excluídos do sistema governamental. E farão regras com o dinheiro: só poderão comprar ou vender aqueles que fizerem parte de um sistema de compra e venda (Apocalipse 13:16,17). O sacrifício contínuo de Jesus será tirado (Mateus 24:15), e pregarão por meio de propagandas que a salvação não vem mais por Jesus Cristo, mas sim por quem aceitar viver no novo sistema governamental mundial. Fazendo com que aqueles que não aceitarem sejam mortos (Apocalipse 13:15). Os escolhidos de Deus passarão por uma grande tribulação como nenhuma outra conhecida (Mateus 24:21). E a perseguição contra eles será tão grande que se esconderão dos seus perseguidores (Mateus 24:16-20). E não será pregado pelas ruas o amor de Deus, em nome de Jesus Cristo, por medo da maldade dos que perseguem. Os perseguidores farão armadilhas e ciladas para que os escolhidos saiam de seus refúgios. Eles dirão: "Cristo está ali, ou aqui ou em tal lugar"; tudo para atrair os escolhidos, para os torturarem na intenção de que eles neguem a Deus e em seguida sejam mortos (Mateus 24:23-26).

Surgirão muitos que morrerão fiéis a Deus, porque morreram para o pecado profundamente (Apocalipse 6:11). Essas pessoas serão mártires que darão a sua vida por amor a Deus (Daniel 12:10). Eles serão mortos por seus perseguidores, mas ressuscitarão no momento de suas mortes. Jesus elegerá quem será digno de fazer parte dos 144 mil que governarão com ele. E, com o aparecimento de muitos mártires, os 144 mil se completarão rapidamente, abreviando a duração da grande tribulação (Mateus 24:22). Completando-se esse número, o então o filho do Homem virá com poder e grande glória (Apocalipse 6:10,11).

SOBRE O AUTOR

Luan Simon Cavalcante Gomes, nascido em 4 de agosto de 1991, viveu uma vida de excessos, considerada ideal para muitos, até que Deus despertou em seu coração o desejo de ler a Bíblia. Sem entender nada na primeira leitura, lembrou de ter ouvido alguém dizer que era necessário orar pedindo sabedoria. Na segunda vez, os ensinamentos espirituais foram se revelando e transformando seu coração em algo que ele não compreende até hoje. Aos 26 anos foi chamado por Cristo Jesus para escrever sobre a Nova Era Cristã.

FONTE Janson Text LT Std 55 Roman
PAPEL Pólen Natural 80 g/m²
IMPRESSÃO Paym